Suhrkamp BasisBiographie 6 **Che**

Leben We

Stephan Lahrem, Dr. phil., geboren 1962, studierte Philosophie und Germanistik in Frankfurt am Main und Berlin. Er lebt und arbeitet als freier Lektor und Autor in Berlin.

Che Guevara

Suhrkamp BasisBiographie
von Stephan Lahrem

Suhrkamp BasisBiographie 6 Erste Auflage 2005 Originalausgabe
© Suhrkamp Verlag Frankfurt am Main 2005
Druck: Clausen & Bosse, Leck · Printed in Germany
Umschlag: Hermann Michels und Regina Göllner
ISBN 978-3-518-18206-2
Die Schreibweise entspricht den Regeln der neuen Rechtschreibung, Zi-
tate wurden in ihrer ursprünglichen Rechtschreibung belassen.

3 4 5 6 7 8 9 – 12 11 10 09 08 07

Inhalt

Anhang

Mythos Che

Als sich im Oktober 1967 die Nachricht verbreitete, Che Guevara sei während des Guerillakampfes im bolivianischen Dschungel getötet worden, ließ der italienische Verleger Giangiacomo Feltrinelli umgehend Tausende von Plakaten mit dem Konterfei Guevaras drucken und verteilen. Als Vorlage diente ihm das berühmte Foto von Alberto Korda, das dieser 1960 in Kuba aufgenommen hatte. Es zeigt einen gut aussehenden jungen Mann mit schulterlangem gelocktem Haar, den Blick kühn in die Ferne gerichtet. Auf dem Kopf sein Markenzeichen, die Baskenmütze mit rotem Stern.

Inzwischen findet sich dieses Porträt millionenfach auf T-Shirts, Postern, Kaffeetassen und Uhren. Wer sich heute mit solchen Accessoires ausstattet, ist in aller Regel kein »Guevarista« mehr, keiner, der mit der Waffe in der Hand gegen die Unterdrückung in der Welt kämpfen will. »Che« ist längst zur Ikone geworden; sich mit ihm zu zieren ist ein Gestus linker Radikalität, der politisch zu nichts verpflichtet und doch noch immer einen kommerziellen oder ideellen Gewinn verspricht. Es ist durchaus verständlich, von der Popularität eines Mannes profitieren zu wollen, der schon zu Lebzeiten eine Legende war. Aber woraus speist sich diese anhaltende Attraktivität, und worin besteht der Gewinn?

In den sechziger und beginnenden siebziger Jahren war Che Guevara weltweit die Symbolfigur einer revolutionären – oder sich revolutionär gebenden – Linken. Er gehörte zu jener kleinen Gruppe, die 1956 mit Fidel Castro in Kuba gelandet war und in einem zwei Jahre währenden Guerillakampf den Diktator Batista gestürzt hatte. Als bereits legendärer »Comandante Che« rückte er am 2. Januar 1959 in Havanna ein. Mit 31 Jahren wurde der promovierte Mediziner erst Präsident der Nationalbank, später Industrieminister. Nach der Arbeit studierte er bis in die Morgenstunden ökonomische Theorien, um seinen neuen Aufgaben gerecht zu werden. Als Guerillero wie als Minister hieß sein Wahlspruch: »Seien wir realistisch, versuchen wir das Unmögliche!«

Che Guevaras Bekanntheitsgrad wuchs schnell, da er rund um den Globus reiste, um Anerkennung und Unterstützung für das neue Regime zu gewinnen. Die Besetzung Guevaras in der Rolle des Sprechers der kubanischen Revolution erwies sich als wahrer Glücksfall. Wortgewaltig und charismatisch predigte er unermüdlich seine Ideale: den weltweiten bewaffneten Kampf gegen Ausbeutung und Unterdrückung und die Vision eines neuen Menschen in einer neuen, sozialistischen Gesellschaft.

All dies hätte wohl schon ausgereicht, um ihm einen Platz im Pantheon des revolutionären Sozialismus zu sichern. Für die Etablierung des »Mythos Che« bedurfte es aber noch eines außerordentlichen Schlussaktes: Am 14. März 1965 verschwand Che Guevara spurlos. Spekulationen, Fidel Castro habe sich eines zu mächtig gewordenen Konkurrenten entledigt, hielten sich ebenso hartnäckig wie Gerüchte, er sei von seinen Regierungsämtern zurückgetreten, um erneut zur Waffe zu greifen und die Revolution in andere Teile der Welt zu tragen. Im Laufe der beiden folgenden Jahre rätselte man über seinen Verbleib. Tatsächlich hatte er Kuba verlassen und zuerst im Kongo und dann in Bolivien einen Guerillakrieg geführt. Beide Male war er gescheitert. Am 8. Oktober 1967 wurde er schließlich von bolivianischen Truppen gefangen genommen und am nächsten Tag erschossen.

Die Umstände und der Zeitpunkt seines Todes haben maßgeblich zur Verklärung Che Guevaras beigetragen. Er starb im Kampf; er hatte den bequemen Ministersessel aufgegeben, auf die Macht verzichtet und sein Leben gewagt, um der eigenen Forderung zu genügen: »Schaffen wir zwei, drei, viele Vietnam!« Und er starb jung, jung genug, um als ewig jugendlicher Revolutionär in den Köpfen präsent zu bleiben und um nicht an der Realisierung seiner Theorien und Utopien gemessen werden zu können.

In dem Bild des rastlosen Kämpfers für die Befreiung der unterdrückten Völker war und ist kaum Platz für Kritik, für die es doch genügend Gründe gibt: Guevaras ökonomische Vorstellungen ernteten selbst bei Sympathisanten meist nur Kopfschütteln; der Versuch, seine Guerillastrategie in andere

Länder zu exportieren, endete mit einer vernichtenden Niederlage; das Pathos des bewaffneten Kampfes hat sich längst verbraucht; und seine Vision vom neuen Menschen ist im Wesentlichen ein moralischer Aufruf zu maßloser Opferbereitschaft.

Doch seine Verehrer störten diese Einwände nicht. Für Jean-Paul Sartre war Che Guevara vielmehr der »vollkommenste Mensch unserer Zeit«, weil er wie kein anderer die Einheit von revolutionärer Theorie und Praxis verkörpere. Dazu passte seine zunehmend asketische Lebensführung, die rigoros alle privaten Beziehungen und Bedürfnisse, selbst die des eigenen Körpers, der Revolution unterordnete. Gerade in dieser Selbstlosigkeit aber verbergen sich die Tragik und das prinzipielle politische Scheitern Che Guevaras: Seit den Guerillaerfahrungen in Kuba hat er die Radikalität seines Denkens zum Maßstab seines Lebens und Handelns gemacht; dadurch ist er für die meisten Zeitgenossen und noch mehr für die Späteren in eine Ferne gerückt, die es ihnen ermöglicht, Guevara zu bewundern – vorausgesetzt, sie teilen seine politischen Überzeugungen –, ohne ihm zu folgen.

Es ist das Selbstopfer im Namen der Revolution, welches den Kern des »Mythos Che« bildet und Verehrung erlaubt, aber keine Taten fordert. »Che« ist so zu einem Erkennungszeichen geworden, mit dem man radikale Unangepasstheit demonstriert; ein idealer Gewinn, der bedenkenlos einzustreichen ist, weil man sicher sein kann, dass niemand mehr irgendwelche Konsequenzen erwartet.

Leben

Kindheit und Jugend: Asthma und der Kampf um einen Platz im Leben (1928-1947)

Am 2. Mai 1930 blies ein kalter Wind über die Bucht von San Isidro, nördlich von Buenos Aires. Der Herbst war plötzlich über Argentinien hereingebrochen. Wie fast jeden Tag ging Celia de la Serna auch an diesem Morgen in den Yacht-Club, um im Río de la Plata zu baden. Sie hatte ihren nicht einmal zweijährigen Sohn Ernesto bei sich. Celia war eine leidenschaftliche und gute Schwimmerin, ausdauernd, aber gelegentlich waghalsig. Als ihr Mann, Ernesto Guevara Lynch, sie zum Mittagessen abholen wollte, fand er den Kleinen am ganzen Körper zitternd vor. Wenig später begann er zu husten. Die Eltern dachten zunächst, ihr Sohn habe sich erkältet. Ärgerlich, aber nicht besorgniserregend. Als der Husten in der Nacht nicht nachließ, konsultierten sie vorsorglich einen Arzt aus der Nachbarschaft. Dieser diagnostizierte eine asthmatische Bronchitis und verschrieb die gängigen Arzneien, die aber kaum Linderung verschafften. Immer wieder wurde das Kind von heftigen, manchmal tagelang anhaltenden Hustenanfällen geplagt. Die Krankheit wuchs sich zu einem ungewöhnlich hartnäckigen und schweren Asthma aus, unter dem Ernesto Guevara de la Serna Zeit seines Lebens leiden und das ihn in seiner Entwicklung entscheidend prägen sollte. Auf vielen Fotos sieht man den später berühmten »Che« mit Baskenmütze und Zigarre; seine seit frühester Kindheit unvermeidlichen Begleiter – der Inhalator und die Asthma-Medikamente – bleiben dagegen unsichtbar.

Die Familie Guevara sah sich nach dem ersten Asthmaanfall des Sohnes gezwungen, ihr Leben neu zu ordnen. Nur zweieinhalb Jahre zuvor waren sie kurz nach ihrer Heirat von der Hauptstadt Buenos Aires in die Provinz Misiones umgesiedelt. Der etwas überstürzte Umzug in diese unwirtliche und schwer zugängliche Gegend, ganz im Norden Argentiniens am Länderdreieck mit Paraguay und Brasilien gelegen, wird nicht ganz aus freien Stücken erfolgt sein. Celias Verwandtschaft hatte nur zögernd in die Eheschließung eingewilligt.

Die Eltern   Zwar entstammte Ernesto Guevara Lynch einer der angesehensten Familien Argentiniens, eine Heirat wäre also durchaus standesgemäß gewesen, konnten doch auch die vermögenden de la Sernas auf manche Berühmtheit, darunter den letzten spanischen Vizekönig von Peru, in ihrem Stammbaum verweisen. Allerdings genoss Guevara Lynch in der guten Gesellschaft von Buenos Aires nicht den besten Ruf. Er galt als abenteuerlustig, unstet und wenig geschäftstüchtig. In den Augen der Familie de la Serna sicher nicht der richtige Kandidat, um die 20-jährige Celia wieder zur Räson zu bringen. Nach dem frühen Tod ihrer Eltern war Celia zwar in die Obhut ihrer ältesten Schwester gekommen und in einer strengen katholischen Mädchenschule erzogen worden. Doch als junge Frau hatte sie begonnen, zu rebellieren und gegen die in ihrer Gesellschaftsschicht herrschenden Konventionen zu verstoßen. Sie verkehrte in feministischen Kreisen, ließ sich die Haare kurz schneiden, unterschrieb eigenhändig ihre Schecks und saß im Auto selbst am Steuer. Kurzum: Sie sorgte in dem von Männern dominierten Argentinien permanent für Eklats.

Man kann sich unschwer die Reaktion von Celias Verwandten vorstellen, als diese sich mit einem Mann liierte, der nach dem Tod seines Vaters sein Architekturstudium mit der Begründung abgebrochen hatte: »Ich würde mich lieber erschießen, als hinter einem Schreibtisch zu sitzen.« (zit. n. James 2002, S. 47) Dass diese Worte Ernesto Guevara Lynchs nicht einer Laune entsprangen, hat er in den kommenden Jahrzehnten tatkräftig unter Beweis gestellt: In welchen Geschäften er sich auch immer engagierte, selten war ihm Erfolg beschieden. Was den einen ein Schrecken, war Celia Geistesverwandtschaft. Volljährig und – obwohl sie das elterliche Erbe mit sechs Geschwistern teilen musste – ausgestattet mit einem kleinen Vermögen, war Celia selbständig und heiratete Ernesto im November 1927.

Das junge Paar hatte es eilig, die Hauptstadt zu verlassen und sich auf den Weg nach Puerto Caraguatay in der Provinz Misiones zu machen, wo es eine 200 Hektar große Mateplantage gekauft hatte. Dort lockte nicht nur die Befreiung von gesell-

schaftlichen Zwängen, dort lockten vor allem
Abenteuer und schneller Reichtum. Die Preise
für Mate standen Ende der zwanziger Jahre hoch;
die Matepflanze, aus deren Blättern man das argentinische Nationalgetränk, den Matetee, her-
stellt, wurde damals das »grüne Gold« genannt.
Bei der hektischen Abreise aus Buenos Aires
dürfte noch eine andere Überlegung eine Rolle
gespielt haben. Zum Zeitpunkt ihrer Heirat war
Celia wahrscheinlich schon schwanger. Bei aller
Unkonventionalität – beide wollten wohl den
handfesten Skandal vermeiden, den eine allzu
frühe Geburt zwangsläufig in ihren Kreisen be-
deutet hätte. Als Ernesto junior am 14. Juni 1928
auf einer Geschäftsreise der Eheleute in Rosario
das Licht der Welt erblickte, blieb eine sieben-
monatige Schwangerschaft noch im Rahmen des Erklärbaren.

Ernesto mit
seiner Mutter,
1929

Eine Freundin behauptete gar, die junge Mutter habe den
Arzt des Krankenhauses erfolgreich gedrängt, das Geburtsda-
tum ihres Sohnes zu fälschen, um die Tatsache einer voreheli-
chen Schwangerschaft zu verschleiern. Demnach wäre Ernesto Guevara bereits am 14. Mai zur Welt gekommen. (Anderson 2002, S. 15)
Nach Auskunft des Vaters verlebte die Familie in den argentinischen Urwäldern von Misiones zunächst zwei schwierige,
aber glückliche Jahre. Als im Gefolge der Weltwirtschaftskrise
von 1929 die Preise für Mate einbrachen, war der Traum vom
schnellen Reichtum vorerst ausgeträumt. Im Jahr 1930 begab
sich die Familie nach San Isidro, weil Ernesto senior sich um
eine angeschlagene Yacht-Werft kümmern wollte, in die er
sein restliches Vermögen investiert hatte. Die Werft stand
kurz vor dem Konkurs, als sie durch einen Brand vollständig
vernichtet wurde. Der Familie blieben einstweilen nur die
spärlicher fließenden Einkünfte aus der Mateplantage. Das
war die Situation, als Ernesto junior, im Familienkreis Ernes-
tito oder Tete genannt, seinen ersten Asthmaanfall erlitt.
So ungeschickt und uninteressiert sich die Eltern in geschäft-
lichen Dingen zeigten, so entschlossen, liebevoll und ausdau-

ernd widmeten sie sich dem Versuch, die Krankheit des Jun-

Kampf gegen gen zu bekämpfen. Dessen Asthma-Attacken wurden häufi-
das Asthma ger und heftiger. Tagelang lag er hustend und nach Luft rin-
gend im Bett. Die Eltern unternahmen alles Erdenkliche, um
die Qualen ihres Sohnes zu lindern: Sie brachten ihn zu den
besten Ärzten, verabreichten ihm die verschiedensten Medikamente, lasen alle verfügbare Fachliteratur zum Thema,
kauften ein Ozongerät, um das Zimmer mit Sauerstoff zu fül-
len, kauerten sich nächtelang neben ihren Sohn. In ihrer
Hilflosigkeit scheuten sie sich nicht, selbst bei Quacksalbern
Rat einzuholen. Doch während der nächsten vier Jahre führte
nichts zu einer dauerhaften Genesung.

»Als Ernesto seine ersten Wörter stammelte, waren dies die
Worte: ›Papi, Spritze‹, als das Asthma ihn wieder stärker
belastete.« (Ernesto Guevara Lynch, *Mein Sohn Che*, S. 179)

In dieser Zeit war die Familie mehrfach umgezogen, aber erst
als die Guevaras schließlich auf Anraten der Ärzte nach Alta
Gracia gingen, einen kleinen Luftkurort am Fuße der Sierra
Chica, etwa 40 Kilometer von Córdoba entfernt, besserte sich
Ernestos Gesundheitszustand sichtlich; ihm zuliebe beschlos-
sen die Eltern, sich dort vorläufig einzurichten – es wurde ihre
Heimat für die nächsten elf Jahre.
Ernestos Anfälle wurden seltener. Gleichwohl blieb er auf
Medikamente angewiesen, und an einen Schulbesuch war
einstweilen nicht zu denken. Den Unterricht übernahm seine
Mutter. In diesen Jahren entwickelte sich eine sehr enge Be-
ziehung zwischen Mutter und Sohn, die bis zu ihrem Lebens-
ende andauern sollte. Celia kümmerte sich geradezu besessen
um ihn. Bereits dem Vierjährigen brachte sie das Lesen bei.
Da Ernesto häufig bettlägerig war, fand er ausgiebig Gelegen-

Erste Lektüren heit, die neu erworbene Fähigkeit zu nutzen. Er verschlang
alles, was ihm in die Finger kam. Zunächst Kinder- und
Jugendbücher, Abenteuerromane von Alexandre Dumas,
Robert Louis Stevenson, Jack London oder Jules Verne, dann
die Klassiker der lateinamerikanischen und europäischen Literatur. Mallarmé oder Baudelaire las er sogar im Original,

nachdem er von seiner Mutter Französisch gelernt hatte. Aber auch theoretische Schriften, vor allem psychologische von Freud und Adler, gehörten bereits in seiner Jugendzeit zu seinem nie endenden Pensum. Eine besondere Vorliebe entwickelte er für die Lyrik: Antonio Machado, García Lorca und immer wieder Pablo Neruda. Seine Leselust bekam geradezu manische Züge. Wohin immer er später ging, stets trug er ein Buch bei sich. Selbst bei den Guerillakämpfen in Kuba, im Kongo oder in Bolivien verblüffte er seine Kampfgefährten, wenn sie ihn mitten im Dschungel in die Lektüre vertieft fanden.

Von seinem Vater lernte er neben dem Schachspiel, das für Ernesto ebenfalls zu einer lebenslangen Leidenschaft wurde, vor allem die praktischen Dinge, etwa das in der argentinischen Provinz obligatorische Reiten, aber auch Schießen. Schon im Alter von fünf Jahren soll Ernesto von ihm im Umgang mit einer Pistole unterrichtet worden sein. Dennoch blieb Celia die bestimmende Bezugsperson für den Heranwachsenden.

Als Ernestos Anfälle seltener wurden, musste er auf Drängen der Behörden schließlich doch die Schule besuchen. Intellektuell konnte er dank Celias Hilfe mühelos mithalten, und seine körperlichen Defizite hinderten ihn nicht daran, wie alle seine Altersgenossen herumzutollen. Im Gegenteil. In den zum Teil wilden Spielen der Kinder und Jugendlichen tat er sich immer wieder hervor. Im Laufe der Jahre entwickelte er eine außergewöhnliche Hartnäckigkeit, als wollte er ein ums **Der Draufgänger** andere Mal beweisen, dass die durch seine Krankheit faktisch bestehenden Behinderungen mit Trotz und Willenskraft zu überwinden seien. Er war von früh an zu einer außerordentlichen Selbstdisziplin fähig, die ihm half, Schmerzen, Erschöpfung, Hunger und Durst zu ertragen, eine Fähigkeit, die ihm später im Guerillakampf von großem Nutzen sein sollte. In seiner Jugend wird sie am deutlichsten in seinen sportlichen Aktivitäten. Er schwamm nicht nur regelmäßig und spielte wie alle Kinder Fußball. Angeregt durch den älteren Bruder seines Freundes Tomás Granado entdeckte er mit 14 Jahren auch das Rugbyspiel. Er galt schnell als ein sehr aggressiver Spieler, obwohl er gelegentlich – wenn ihn wieder einmal Hustenanfälle übermannten – an den Spielfeldrand laufen musste, wo stets der Inhalator bereitstand.

Ein draufgängerisches Verhalten zeigte Ernesto auch außerhalb des Sportplatzes. Es gibt eine Vielzahl von Anekdoten

Ernesto, Celia, Ana María und Roberto mit den Eltern im Schwimmbad, Alta Gracia 1936

aus dem Familien- und Freundeskreis, die ihn als tollkühn und wagemutig schildern: Er habe sich an einer Eisenbahnbrücke entlanggehangelt, die über eine Schlucht führte, sei auf einer schmalen Wasserpipeline zehn Meter über dem Boden balanciert oder habe im Unterricht Tinte getrunken und Kreide gegessen, nachdem die Lehrerin gerade eindringlich auf die Schädlichkeit dieser Stoffe hingewiesen hatte. Man muss mit solchen Geschichten und Wertungen sicherlich vorsichtig sein, weil sie nicht selten Eigenschaften des späteren Che Guevara in seine Jugend hineinprojizieren. Aber der Heranwachsende scheint ein gewisses Vergnügen daran gefunden zu haben, seine Eltern wie seine Altersgenossen durch waghalsiges Handeln zu erschrecken. War das Liebe zur Gefahr, jugendlicher Übermut, der Versuch, sein gesundheitliches Handicap durch Willenskraft zu besiegen, oder schlicht Aufschneiderei? In jedem Fall verschaffte er sich so Respekt bei den Gleichaltrigen und lernte, trotz seiner Krankheit ein relativ normales Leben zu führen.

Seinen Extravaganzen entsprach in gewisser Hinsicht die Sonderstellung, die die Guevaras in Alta Gracia einnahmen. Ernesto hatte inzwischen Geschwister bekommen: Celia (1929), Roberto (1932), Ana María (1934) und als Nachzügler Juan Martín (1942). Die Familie bewohnte ein geräumiges altes, schon etwas verfallenes Haus, die Villa Nydia. Der Vater besann sich auf sein abgebrochenes Studium, nannte sich fortan »arquitecto«, beschäftigte sich mit dem Bau von Häusern in der Provinz Córdoba und wurde schließlich mit dem Anlegen eines Golfplatzes in Alta Gracia betraut. Die Einkünfte aus diesen sporadischen Tätigkeiten können nicht allzu üppig gewesen sein; der Vater räumte später ein, sie hätten gelegentlich die Miete nicht bezahlen können. Doch die finanziellen Schwierigkeiten scheinen den Eltern keine schlaflosen Nächte bereitet zu haben. »Sie hatten zwar kein Geld, doch sie gehörten der ›richtigen‹ Gesellschaftsschicht an, sie hatten einen Namen und das entsprechende Auftreten. [...] Sie schienen mit der scheinbar angeborenen Zuversicht der Reichen gesegnet, daß sich eines Tages alles zum Guten wenden wird – und wenn nicht, dann würden ihnen Freunde und Verwandte unter die Arme greifen.« (Anderson 2002, S. 25) Kurz: Sie lebten wie Bohemiens.

Leben in Alta Gracia

Dazu gehörte auch ein ständiges Kommen und Gehen im Hause Guevara. Nicht nur Erwachsene quartierten sich für kürzere oder längere Zeit ein oder trafen sich dort mit den Eltern, um nächtelang zu diskutieren. Häufig brachten Ernesto oder seine Geschwister auch ihre Spielkameraden zum Essen mit, die zumeist aus den Elendsquartieren in der Nachbarschaft stammten. Diese Kinder waren schmutzig, trugen zerschlissene Kleidung und liefen barfuß. Ihre Spiele waren oft wild, ihr Umgangston derb und Raufereien nichts Außergewöhnliches. Ernesto – und seine Eltern – hat dies nie gestört. Vielmehr berichten die Zeitzeugen, dass er lieber mit diesen Kindern zusammen war als mit denen der Reichen. Und etwas von diesem Umgang färbte auf ihn ab: Der Zustand seiner Kleidung war ihm gleichgültig, und körperliche Hygiene war für ihn eine Notwendigkeit, der er nur widerwillig nachkam – beides Einstellungen, die er bis zu seinem Tod beibehielt, geradezu kultivierte.

Konfrontation mit der Armut

Dennoch machte er sich mit den Kindern des Elendsviertels

Ernesto (2. v. l.)
mit seiner Gang
in Alta Gracia,
1939

nicht gemein. Er hätte es auch nicht gekonnt, selbst wenn er gewollt hätte. Seine Erziehung wie sein familiäres Milieu boten ihm einen materiellen und intellektuellen Rahmen, über den seine Kameraden nicht verfügten und die ihn zu einem »primus inter pares« werden ließen. Ernesto Guevara wuchs gleichsam spielend in diese Rolle hinein. Er lernte durch seine Freunde die Armut kennen und begann diejenigen zu verachten, die sich allein aufgrund ihrer Herkunft oder ihres Reichtums etwas Besseres dünkten. Wer seine Achtung verdienen wollte, der musste aus den Fähigkeiten, die er besaß, selbst etwas machen und sich nicht seinem Schicksal ergeben. Das galt für die Reichen wie für die Armen und blieb auch sein fundamentales Kriterium in der kubanischen Revolution und im Guerillakampf.

Frühe politische Prägungen

Und die Politik? Bei einem berühmten Revolutionär ist man geneigt, bereits in der Jugend Ereignisse ausfindig zu machen, in denen sich das Kommende andeutet. Allerdings ist die Suche in Che Guevaras Fall nicht besonders ergiebig. Die Eltern, passend zu ihrem unkonventionellen Lebensstil, waren strikt antiklerikal und hegten linke bis sozialistische Anschauungen. Die politischen Diskussionen intensivierten sich, als 1936 der spanische Bürgerkrieg ausbrach. Das Haus der Guevaras wurde zu einem Treffpunkt exilierter spanischer Republikaner. Der junge Ernesto lauschte gebannt ihren Erzählungen. An einer Wandkarte verfolgte er mit Hilfe von bunten Fähnchen

»Als Ernesto sieben oder acht Jahre alt war, führte er eine ganze Bande von Kindern an, Balljungen vom Golfplatz und die Söhne von Landarbeitern, die in den nahegelegenen Hügeln arbeiteten. Oft forderte er die Kinder der vornehmen Leute am Ort und die Söhne reicher Familien, die in Alta Gracia Urlaub machten, zu einem Fußballspiel heraus. Ernestos Proletarierteam gewann in der Regel, und die Verlierer schlichen sich heulend nach Hause zu Mama, von Ernesto und seiner Gang verspottet.« (Jugendfreundin Dolores Moyano Martin; zit. n. James 2002, S. 55)

den Bürgerkriegsverlauf und spielte mit seinen Gefährten auf dem verwilderten Grundstück neben dem Haus die Schlacht von Madrid nach. Nicht ungewöhnlich für einen Jungen zwischen acht und elf Jahren.

Sieht man einmal von der recht zweifelhaften Behauptung seines Vaters ab, Ernesto habe ihm bei der Herstellung von Bomben geholfen, »die bei antiperonistischen Demonstrationen zur Verteidigung gegen die Polizisten verwendet wurden« (zit. n. Lawrezki 1976, S. 34), dann findet sich bei der Suche nach frühen politischen Prägungen und Aktivitäten noch folgende, immer wieder erzählte Episode: Im Juni 1943 wurde Alberto Granado, der ältere Bruder seines Freundes Tomás, bei einer Demonstration gegen die Zensurmaßnahmen des Putschgenerals Pedro Ramírez verhaftet. Als ihn die beiden Freunde im Gefängnis besuchten, forderte Alberto sie auf, eine Kundgebung der Oberschüler zu organisieren, um die Freilassung der Gefangenen zu unterstützen. Ernesto soll sich zur Verwunderung der Granados mit den Worten geweigert haben: »Ohne Waffen auf die Straße gehen, damit sie uns zusammenschießen? Das ist verrückt. Ich gehe nur, wenn ich einen Revolver habe.« (zit. n. Granado 1988, S. 92) Markige Worte, aber wohl nicht ernst gemeint, denn aus seiner Jugend- wie auch seiner Studentenzeit ist nicht bekannt, dass er sich politisch engagiert, geschweige denn militant gehandelt hätte. Er hat sich dessen später auch nie gerühmt.

Angesichts der turbulenten Ereignisse in Argentinien in den vierziger Jahren – der Aufstieg Juan Domingo Peróns spaltete das Land – ist sein Verbalradikalismus weniger erstaunlich als die tatsächliche Passivität und das Desinteresse Ernestos an politischen Dingen. Seine Politisierung erfolgte erst auf den ausgedehnten Reisen durch Südamerika und seine Radikalisierung durch die Bekanntschaft mit Fidel Castro 1955 in Mexiko. Bis dahin blieb er »Individualist« und »ein Freund von Abenteuern«, wie er 1959 Fernando Barral in einem Brief gestand (zit. n. Lawrezki 1976, S. 35).

Schulabschluss Ende 1946 legte Ernesto Guevara sein Abitur am Gymnasium Dean Funes in Córdoba ab, wohin die Familie inzwischen gezogen war. Das Zeugnis war mittelmäßig, mit guten Noten in Literatur und Geschichte. Dennoch beschloss er, Ingenieurwesen zu studieren. Als seine Eltern Anfang 1947 nach Buenos Aires zurückkehrten, blieb er noch in Córdoba, um vor dem Studium zusammen mit Tomás Granado als Landvermesser ein wenig Geld zu verdienen. Im Mai erreichte ihn die Nachricht, dass seine geliebte, an Krebs leidende Großmutter Ana einen Schlaganfall erlitten habe. Ernesto Guevara brach sofort in die Hauptstadt auf. 17 Tage verbrachte er an ihrem Krankenbett, bevor sie schließlich starb. Diese Erfahrung veranlasste ihn zu einem folgenschweren Entschluss: Er gab die Idee auf, Ingenieur zu werden, und schrieb sich für Medizin ein.

Lehr- und Wanderjahre:
Politische Radikalisierung (1947-1956)

Entscheidung für das Medizinstudium Über die Motive und Hoffnungen, die Guevara mit dem Medizinstudium verband, kann man nur spekulieren. Er hat später in Kuba ganz profane Gründe angegeben: »Als ich begann, Medizin zu studieren«, sagte er rückblickend, »wollte ich einfach erfolgreich sein, so wie alle anderen erfolgreich sein wollten. Ich träumte davon, ein berühmter Forscher zu werden; ich träumte davon, unermüdlich zu arbeiten, um im Endeffekt der Menschheit nützlich zu sein, was aber in dem Augenblick von mir als persönlicher Erfolg angesehen wurde. Ich war, wie wir alle, ein Kind meiner Umgebung.« (AW 6, S. 48) Von sozialem Engagement ist hier wenig die Rede, von einer Bestimmung zum revolutionären Arzt schon gar nicht.

Für das Studium zog er endgültig von Córdoba
nach Buenos Aires, in die Wohnung seiner Mutter
in die Calle Araoz 2180, denn die Eltern hatten sich
bald nach ihrer Rückkehr in die Hauptstadt getrennt. Ihr Sohn machte sich mit einigem Eifer an
das Studium. In den ersten Semestern saß er zehn
bis zwölf Stunden am Tag in der Bibliothek. Nebenbei trieb er weiterhin Sport und spielte mit Leidenschaft Schach. Außerdem versuchte er mit allerlei
Gelegenheitsjobs sein Studium zu finanzieren. Diese Häufung unterschiedlichster Tätigkeiten, das Arbeiten bis an die Grenze der Belastbarkeit ist charakteristisch für Ernesto Guevara. Entspannung

gönnte er sich selten, Nichtstun fast nie. Dabei brüstete er
sich weder mit seiner Einsatzbereitschaft, noch beklagte er
sich über Erschöpfung, nicht einmal in seinen zahlreichen Ta-
gebüchern.

María del Carmen
»Chichina« Fer-
reyra – die erste
große Liebe

Im Oktober 1950 lernte er die 16-jährige María del Carmen
»Chichina« Ferreyra kennen, die aus einer der besten Familien
Córdobas stammte. Nach Aussagen beider war es Liebe auf
den ersten Blick, aus der sich in den folgenden Monaten eine
leidenschaftliche Romanze entwickelte. Da Ernesto weiterhin
die gesellschaftliche Etikette verachtete und auch in Diskussionen kein Blatt vor den Mund nahm, konnten sie sich bald
nur noch heimlich sehen. Vielleicht wären die beiden dem
Beispiel von Ernestos Eltern gefolgt und hätten sich über die
gesellschaftlichen Konventionen hinweggesetzt, aber ihre Beziehung scheiterte endgültig an einer anderen Leidenschaft,
die Ernesto bereits ein Jahr zuvor gepackt hatte und die ihn
nie mehr loslassen sollte: die Reiselust.

Anfang 1950 hatte der 21-Jährige auf einem Fahrrad, ausgestattet mit einem kleinen Hilfsmotor, den Norden Argentiniens bereist und in sechs Wochen 4 500 Kilometer zurückge-
legt. Zwar absolvierte er weiterhin erfolgreich seine Prüfungen, aber das Interesse am Medizinstudium hatte schon
merklich nachgelassen. Nebenbei arbeitete er als Hilfskraft im
Labor des bekannten argentinischen Allergiespezialisten Dr.
Pisani in Buenos Aires, der ihm eine lukrative Zukunft ver-

sprach. Zugleich schmiedete er mit seinem Freund Alberto
Granado, den er noch aus Córdoba kannte, neue Reisepläne.
Sie träumten von einer längeren Fahrt, die sie durch ganz
Südamerika führen sollte. Im Oktober 1951 war es dann so
weit. Obwohl der sechs Jahre ältere Alberto bereits eine Stelle
an einem Lepra-Sanatorium innehatte und Ernesto nur noch
ein Jahr bis zu seinem Doktorexamen fehlte, beschlossen sie,
so bald als möglich aufzubrechen. Nach zwei Monaten intensiver Vorbereitung und Ernestos Versprechen gegenüber seiner Mutter, nach spätestens einem Jahr zurückzukommen,
um sein Studium abzuschließen, brachen die beiden am 29.
Dezember 1951 in Córdoba auf. Ihr Ziel: Caracas; ihr Vehikel:
Albertos altes Motorrad, eine 500er Norton, »Poderosa II«
(die Mächtige II) genannt.

Erste Latein-
amerika-Reise
Schwer bepackt schlugen sie einen großen Bogen nach Süden,
um sich zuerst von Ernestos Eltern in Buenos Aires und dann
von Chichina zu verabschieden, die die Sommerferien am
Strand in Mar del Plata verbrachte. Selbst die Liebe zu ihr
konnte Ernesto nicht von der Weiterreise abhalten, auch
wenn er vielleicht schon ahnte, dass diese Entscheidung die
Auflösung der Beziehung bedeuten würde. Rückblickend
meinte Chichina:»Ich glaube, er sah in mir einen Menschen,
der zu einer Belastung in seinem Leben werden würde. [...]
Er wollte frei sein, weggehen, und ich muß wohl zu diesem
Zeitpunkt ein Hindernis gewesen sein.« (zit. n. Castañeda
1998, S. 51) Dieselbe Erfahrung machten später Hilda Gadea
und Aleida March, Guevaras erste und zweite Ehefrau.
Die beiden jungen Männer überquerten auf der durch Ver-
schleiß und viele Stürze schon arg ramponierten »Poderosa«
die Grenze zu Chile. In Santiago mussten sie das Gefährt endgültig zurücklassen. Da ihnen schon vor der Andenüberque-
rung das Geld knapp geworden war, verdienten sie sich ihr
Essen und ihre Unterkunft mit Gelegenheitsarbeiten am
Wegesrand und waren ansonsten auf Gastfreundschaft angewiesen. Gelegentlich ließen sie sich auch etwas postlagernd
von zu Hause nachsenden. Aber solche Lieferungen bestanden zumeist aus Matetee, den sie unaufhörlich konsumierten,
eine Angewohnheit, die Guevara sein Leben lang beibehielt.

Leben

Nach dem Ausfall des Motorrads schlugen sie sich vornehmlich per Anhalter auf Lastwagen nach Norden durch, besuchten eine der größten Kupferminen der Welt in Chuquicamata, wo sie die elenden Lebensbedingungen der Minenarbeiter sahen, und gelangten schließlich nach Cuzco und Machu Picchu in den peruanischen Anden. Nimmt man die Länge und den Enthusiasmus der Einträge in den Reisenotizen zum Maßstab, so war die alte Inkafestung der Höhepunkt ihrer Reise. Über Lima, den Amazonas und die Lepra-Station San Pablo gelangten sie schließlich nach Bogotá und Caracas. Nach acht Monaten hatten sie ihr ursprüngliches Reiseziel erreicht. Hier trennten sich ihre Wege. Alberto erhielt das Angebot, gegen gutes Geld in einem Lepra-Hospital nahe der venezolanischen Hauptstadt zu arbeiten; Ernesto konnte durch die Vermittlung eines Onkels mit einem Pferdetransport zurück nach Buenos Aires fliegen. Die Trennung fiel beiden schwer, und Ernesto versprach, seinen Freund gleich nach Beendigung des Studiums in Caracas aufzusuchen.

Zurück in Argentinien, überarbeitete Guevara sein Reisetagebuch und setzte das Bekenntnis an den Anfang: »Die Person, die diese Notizen schrieb, starb, als sie ihren Fuß wieder auf argentinischen Boden setzte [...]. Dieses ziellose Streifen durch unser riesiges Amerika hat mich stärker verändert, als ich glaubte.« (LA, S. 19) Diese Worte sind häufig als Ausdruck seiner politischen Initiation interpretiert worden, und es finden sich in seinem Bericht auch gelegentliche Eintragungen, die die empörenden Lebensbedingungen und die Ausbeutung, vor allem der Indios, schildern. Doch Alberto und er blieben Zaungäste, in deren Beobachtungen sich Mitgefühl

Vgl. »Latinoamericana«, S. 67 ff.

»Kolumbien ist von allen Ländern, die wir bereist haben, dasjenige, wo die individuellen Freiheitsrechte am meisten unterdrückt werden. [...] ein beklemmendes Klima. Wenn die Kolumbianer weiter damit leben wollen, ist das ihre Sache, wir machen uns so schnell wie möglich aus dem Staub.«
(Che Guevara in einem Brief vom 6. Juli 1952 aus Bogotá an seine Mutter; LA, S. 170)

und Distanz mischten. Das wirklich Neue und Irritierende war für Guevara die Erfahrung, dass sich Südamerika nicht als ein verallgemeinertes Argentinien verstehen ließ, sondern umgekehrt sein Heimatland die Ausnahme auf dem Kontinent bildete. Er begegnete zum ersten Mal dem indianischen Lateinamerika, das ihn faszinierte und das ihm zugleich fremd blieb.

Abschluss des Studiums

In Buenos Aires machte sich Guevara eilends daran, sein Studium zu beenden. Binnen sechs Monaten absolvierte er 14 Prüfungen, wenn auch nur mit durchschnittlichem Erfolg. Nachdem er am 11. April 1953 die letzte bestanden hatte, rief er unverzüglich seinen Vater an und meldete sich stolz am Telefon: »Hier spricht Doktor Ernesto Guevara.« Zwei Monate später erhielt er auch offiziell den Doktortitel und die Zulassung als Arzt. Doch die beruflichen Möglichkeiten, die sich aus dem Studienabschluss ergaben, reizten ihn nicht. Er hatte sich einer Pflicht entledigt und das Versprechen gegenüber seiner Mutter eingelöst. Nun hinderte ihn nichts mehr daran, erneut aufzubrechen und Alberto Granado in Venezuela zu besuchen. Glaubt man den Erinnerungen der Zeitzeugen, so war allen Beteiligten klar, dass es sich diesmal nicht um eine befristete Reise handeln würde. Von Rückkehr war jedenfalls nicht die Rede. Stattdessen verabschiedete sich Ernesto Guevara im Juli 1953 auf dem Bahnhof von Buenos Aires von seinen Eltern mit dem ihm eigenen Pathos: »Hier fährt ein Soldat Amerikas.« Und in der Tat sollte er später argentinischen Boden nur noch einmal für wenige Stunden betreten.

Zweite Lateinamerika-Reise

Zunächst verlief die Reise – diesmal in Begleitung seines Jugendfreundes Carlos »Calica« Ferrer – wie die erste. Nach einem sechswöchigen Aufenthalt in La Paz und erneuten Besuchen in Cuzco, Machu Picchu und Lima gelangten sie Ende September in die ecuadorianische Hafenstadt Guayaquil, wo sie Ricardo Rojo wiedertrafen, mit dem sie sich bereits in La Paz angefreundet hatten. Rojo, ein 29-jähriger argentinischer Anwalt, hatte als militanter Anti-Peronist seine Heimat verlassen müssen und wartete in Guayaquil zusammen mit drei weiteren argentinischen Exilanten auf eine Reisemöglichkeit nach Guatemala, wo eine Revolution im Gange war. Als die Freunde Guevara vorschlugen, sich ihnen anzuschließen, stimmte er sofort zu. Er ließ Alberto Granado eine Nachricht zukommen und versprach, ihn später in Venezuela aufzusuchen.

Die Entscheidung Guevaras, nach Guatemala aufzubrechen, scheint einmal mehr seine Abenteuerlust zu bestätigen. Doch der Charakter seiner Reise begann sich zu wandeln, die Kontakte zu linken, sozialistischen und kommunistischen Kreisen wurden häufiger. Je radikaler seine Gesprächspartner argumentierten, desto stärker beeindruckten sie den jungen argentinischen Arzt. Das zeigen die Skizzen, die Guevara von diesen Gesprächen im Reisetagebuch festhielt. Die Abenteuer, die er suchte, waren zunehmend politischer Natur. Als er kurz vor Weihnachten 1953 in Guatemala eintraf, kam er gerade rechtzeitig, um den Schlussakt des dortigen Regimes mitzuerleben.

In Guatemala

Vgl. »Das magische Gefühl, unverwundbar zu sein«, S. 71 ff.

Jacobo Arbenz Guzmán, seit 1951 demokratisch gewählter Präsident, hatte die von seinem Vorgänger eingeleitete Bodenreform forciert und brachliegendes Grundeigentum gegen Entschädigung enteignen lassen – eine Maßnahme, die vor allem die US-amerikanische United Fruit Company betraf, die in vielen zentralamerikanischen Staaten der größte Grundbesitzer war. Dies und der Umstand, dass einige Kommunisten unter Arbenz Regierungsämter innehatten, ließ Guatemala immer stärker ins Visier US-amerikanischer Außenpolitik geraten. Zum Jahreswechsel 1953/54 mehrten sich die Anzeichen für einen Putschversuch, der offen von der CIA unterstützt wurde.

Wenige Tage nach seiner Ankunft lernte Guevara die peruanische Sozialistin Hilda Gadea kennen, die für eine guatemaltekische Regierungsbehörde arbeitete. Sie brachte den Argentinier nicht nur in Kontakt mit regierungstreuen Kreisen und politisch gleich gesinnten Exilanten, sondern unterstützte ihn auch in allen anderen Belangen: finanziell, bei der Arbeitssuche und gesundheitlich, indem sie ihn pflegte, wenn die häufigen und heftigen Asthmaanfälle ihn zu Bettruhe und strenger Diät zwangen. Obwohl er mit ihrer offensichtlichen Zuneigung nicht recht umgehen konnte, war Guevara für diese Hilfe dankbar, zumal er sich in einer für ihn ungewohnten Situation befand. Er war nun kein Durchreisender mehr, sondern musste an Ort und Stelle seinen Lebensunterhalt verdienen. Aber die zahlreichen Versuche, einen Job zu finden, scheiterten sämtlich, nicht zuletzt weil er sich standhaft weigerte, aus Gründen des beruflichen Fortkommens in die Kommunistische Partei einzutreten. Das geschah keineswegs aus ideologischen Gründen, denn Guevara studierte immer intensiver die kommunistischen Klassiker Marx, Lenin, Stalin und Mao und wurde in dieser Zeit allmählich zu einem »erklärten Verteidiger und Bewunderer der Sowjetunion« (Castañeda 1998, S. 93). Das ewige Warten und Nichtstun ließ Guevara mürrischer und ungehaltener werden. Immer wieder spielte er mit dem Gedanken, das Land zu verlassen und sich erneut auf Reisen zu begeben, nach Europa, in die Sowjetunion oder nach China.

Der Putsch des von der CIA und dem US-amerikanischen Außenministerium unterstützten Oberst Castillo Armas beendete diese Situation. Am 18. Juni marschierte Armas mit nicht mehr als 400 Mann von Honduras aus nach Guatemala ein. Guevara meldete sich als Freiwilliger beim Sanitätsdienst und den Jungen Brigaden und wollte unbedingt an die Front geschickt werden. Da man ihm dies verweigerte, erlebte er seine Feuertaufe in der Hauptstadt, als diese bombardiert wurde. Sonderlich beunruhigt scheint der 26-Jährige jedoch nicht gewesen zu sein. Als Präsident Arbenz kaum eine Woche später unter dem Druck des einheimischen Militärs zurücktrat und einige von Guevaras Freunden – unter ihnen Hilda

»Ich traue mich kaum, dir zu gestehen, dass ich mich in den letzten Tage köstlich amüsiert habe. Dieses magische Gefühl der Unverwundbarkeit, von dem ich dir in einem früheren Brief erzählt habe, bewirkte, dass ich mit Vergnügen zusah, wie die Leute wie die Verrückten losrannten, sobald die ersten Flugzeuge am Himmel auftauchten oder wenn die Stadt während der nächtlichen Stromsperren von Schüssen widerhallte.«
(Che Guevara in einem Brief vom 4. Juli 1954 aus Guatemala an seine Mutter; MG, S. 140)

Gadea – verhaftet wurden, bat er bei der argentinischen Botschaft um Asyl, lehnte aber das Angebot ab, in sein Heimatland ausgeflogen zu werden. Nach zweimonatigem Warten erhielt er ein Visum für Mexiko.

Dort begann das ermüdende Leben und Warten, das er schon
aus Guatemala kannte, von neuem: Gelegenheitsjobs als Fotograf und als Arzt in Hospitälern, politische Diskussionen,
Ärger mit der Bürokratie – und die Fortsetzung der unklaren
Beziehung mit Hilda Gadea, die nach ihrer Haftentlassung
ebenfalls nach Mexiko emigriert war. Eine gewisse Konti-
nuität stellte sich ein, als Hilda schwanger wurde. Sie heira-
ten am 18. August 1955 in der Nähe von Mexiko-Stadt, und
am 15. Februar 1956 kam Hilda Beatriz zur Welt. So sehr sich
Guevara über die Geburt seiner Tochter freute, so wenig änderte sich die emotionale Bindung zu seiner Frau. Sie blieb für
ihn vor allem eine geschätzte Gefährtin, die aber in seinen Zu-
kunftsplänen keine Rolle spielte. Und als
er im November 1956 mit Castros Truppe
nach Kuba aufbrach, war die Trennung
von seiner Familie längst beschlossene Sache.

Bereits Ende 1954 hatte Guevara in Mexiko einige Exilkubaner kennen gelernt.
Er zeigte sich beeindruckt von ihrem
Selbstbewusstsein und der Fähigkeit, sich
und andere für die eigenen revolutionären
Ideale zu begeistern. Zudem galten diese
Kubaner seit dem Putschversuch gegen
den kubanischen Diktator Fulgencio Batista am 26. Juli 1953 als Revolutionäre,
die nicht nur diskutierten, sondern ihren
Worten auch Taten folgen ließen. Das traf
vor allem auf ihren Anführer Fidel Castro
zu, der bei der gescheiterten Erstürmung der Moncada-Kaserne verhaftet worden war. Nachdem er im Rahmen einer
allgemeinen Amnestie für politische Gefangene freigekom-
men war, begab er sich ebenfalls nach Mexiko, wo er sofort
seine Absicht verkündete, möglichst bald mit einer kleinen

**Heirat mit
Hilda Gadea**

An der Seite sei-
ner ersten Frau
Hilda Gadea,
Mexiko 1955

Invasionstruppe nach Kuba zurückzukehren, um Batista zu stürzen. Fieberhaft begann er Kontakte zu Personen in Mexiko, den USA und Kuba zu knüpfen, die ihn bei seinem Vorhaben unterstützen sollten.

Erste Begegnung mit Fidel Castro Das genaue Datum des ersten Zusammentreffens von Guevara und Castro ist bis heute umstritten. Sicher ist, dass es zwischen Juli und September 1955 stattgefunden hat. Nach späteren übereinstimmenden Äußerungen beider hätten sie sich auf Anhieb sympathisch gefunden und die ganze Nacht lang diskutiert. Am Morgen habe dann Guevaras Entschluss festgestanden, sich als Arzt dem kubanischen Revolutionsprojekt anzuschließen. Doch letzte Zweifel scheinen noch bestanden zu haben, denn bis zum Frühjahr 1956 hegte Guevara immer wieder neue Reisepläne. Gleichwohl markiert die Begegnung mit Castro einen Wendepunkt. Es ist, als hätten Castros Überzeugtheit und hektische Betriebsamkeit Guevaras Vagabundenleben Sinn und Ziel gegeben.

Guerillaausbildung in Mexiko, 1956

Im April 1956 traten die Umsturzvorbereitungen in eine neue Phase, als die künftigen Revolutionäre auf einer abgelegenen Farm im knapp 60 Kilometer von Mexiko-Stadt entfernten Chalco eine komplette militärische Ausbildung von Oberst Alberto Bayo, einem spanischen Bürgerkriegsveteranen, erhielten, inklusive Schieß- und Überlebenstraining sowie Nahkampf und Gewaltmärschen. Guevara war mit von der Partie und schloss die Übungen als Bester ab. In Chalco dürften die

Würfel endgültig gefallen sein. Denn Guevara machte die Erfahrung, dass er trotz seines Asthmas und der Höhenlage zu außergewöhnlichen körperlichen Leistungen imstande war. Außerdem erfuhr er die zunehmende Anerkennung seiner Kameraden, die anfänglich noch gegen die Ernennung eines Ausländers zum Personalchef gemurrt hatten – schließlich sei man keine Söldnertruppe. Nun wurde er von allen »Che« genannt, eine spöttische und gleichzeitig respektvolle Anspielung auf die argentinische Angewohnheit, »bei jeder Anrede einer Person den Ausruf ›che‹ voranzustellen« (Taibo 1997, S. 91). Es war nicht das

> »Für mich kennzeichnet ›Che‹, was mir am wichtigsten im Leben ist, was ich am meisten liebe. [...] Alles, was vorausgegangen ist, mein Name, mein Nachname, sind kleine Dinge, persönliche, unbedeutende Dinge.« (Che Guevara; zit. n. James 2002, S. 129)

erste Mal, dass Guevara diesen Spitznamen erhielt; jetzt aber wurde »Che« für ihn ein Ehrenname, den er bis an sein Lebensende voller Stolz trug.

Im Juni kam es zu einem Zwischenfall im Trainingslager. Auf Drängen der kubanischen Behörden wurde die Castro-Gruppe ausgehoben und verhaftet. Nach zwei Wochen – und wahrscheinlich gegen Schmiergeldzahlungen – waren alle wieder auf freiem Fuß, bis auf Guevara und Calixto García, die wegen eines angeblichen Visumvergehens festgehalten wurden. Vielleicht aber auch, weil sich Guevara bei seinem Verhör offen zum Kommunismus bekannte, sehr zum Ärger von Castro, der ausländische, vor allem US-amerikanische Interventionen befürchtete. In dieser Situation beschwor Guevara Castro, weder Geld noch Zeit für seine Freilassung zu verschwenden, um nicht das gesamte Unternehmen zu gefährden. Doch Castro setzte alle Hebel in Bewegung, um seinen Mitstreiter aus dem Gefängnis zu holen – ein Verhalten, das Guevara als Treueschwur wertete.

Nach zweimonatiger Inhaftierung kam der Argentinier schließlich unter der Auflage frei, umgehend das Land zu verlassen. Stattdessen tauchte er bei Freunden unter. Castro trieb nun zur Eile. Nachdem er eine alte Motoryacht gekauft und neue Waffen besorgt hatte, schickte er am 23. November an alle Teilnehmer die Aufforderung, sich umgehend in der Nähe von Tuxpan am Golf von Mexiko einzufinden.

Grundstein des Mythos:
Mit Castro in der Sierra Maestra (1956-1958)

Die Motoryacht
»Granma«

Als am 25. November 1956 gegen zwei Uhr morgens die Motoryacht »Granma« mit 82 Mann unter Führung Fidel Castros den mexikanischen Hafen Tuxpan verließ, begann ein Unternehmen, das Kuba vollkommen verändern sollte und den Grundstein für den Mythos des »Comandante Che« legte.

Anfängliches
Desaster

Dabei hätte es kaum ungünstiger beginnen können. Das für nicht mehr als 15 Personen vorgesehene Boot war völlig überladen. Um ein Kentern in der stürmischen See zu vermeiden, wurden fast die gesamte Verpflegung und ein Großteil der Medikamente über Bord geworfen. Beinahe alle wurden seekrank, das Schiff leckte, und die Motoren spuckten. Man kam viel langsamer voran als ursprünglich geplant und musste auf See über das Radio erfahren, dass der Aufstand von verbündeten Organisationen, der die Landung von Castros Leuten begleiten sollte, niedergeschlagen worden war. Als am Morgen des 2. Dezember endlich der Strand von Los Colorados, in Kubas östlicher Provinz Oriente, nahe der Sierra Maestra, in Sicht kam, lief die »Granma« zwei Kilometer vor der Küste auf Grund. Es dauerte Stunden, bis die erschöpften Expeditionsteilnehmer durch vorgelagerte Mangrovensümpfe endlich das Festland erreichten. Inzwischen war ihre Ankunft bemerkt worden, und Flugzeuge der kubanischen Armee nahmen sie unter Beschuss. Nach drei Tagen des orientierungslosen Umherirrens wurden sie schließlich in der Nähe von Alegría del Pío von Regierungstruppen überrascht. In der sich ergebenden Schießerei wurde die Mehrzahl der Rebellen getötet, verwundet oder gefangen genommen. Der Rest verstreute sich in kleinen Grüppchen in die umliegenden Zuckerrohrfelder und verlor den Kontakt zueinander.

In diesem Gefecht, bei dem auch Guevara durch einen Streifschuss am Hals verletzt wurde und für einen Moment glaubte, sterben zu müssen, kam es zu einem berühmt gewordenen

Ereignis: Ein Mitstreiter hatte auf der Flucht eine Munitionskiste stehen lassen. »Vielleicht«, so Guevara, »war dies das erste Mal, daß ich praktisch vor das Dilemma gestellt wurde,
mich meinen medizinischen Aufgaben oder meiner Pflicht als
Soldat der Revolution zu widmen. Vor mir hatte ich einen
Tornister voller Medikamente und eine Kiste Munition, beide zusammen waren zu schwer, um sie zugleich zu tragen;
ich nahm die Munitionskiste und ließ den Tornister zurück«
(AW 2, S. 20). Doch trotz dieser Entscheidung blieb seine
vorrangige Aufgabe in den nächsten Monaten die medizinische Betreuung der Truppe.

Ende Dezember fanden sich 15 Überlebende der »Granma« in
der Sierra Maestra zusammen. Gemeinsam mit einigen wenigen Bauern, die sich ihnen angeschlossen hatten, bildeten
sie die Guerillatruppe. Trotz des anfänglichen Desasters war
Castros Optimismus ungebrochen. Nach einer Bestandsauf-
nahme verkündete er: »Sieben Gewehre. Jetzt gewinnen wir
den Krieg ganz sicher!« (EH, S. 106) In den ersten Wochen
nach ihrer Ankunft in der Sierra Maestra, einem von dichtem
Wald überzogenen Gebirge, kämpften sie allerdings weniger
gegen den Feind als um das nackte Überleben. Ohne ausrei-
chende Vorräte an Nahrung, Wasser und Medikamenten, ge-
trieben von der Furcht, in einen Hinterhalt des Militärs zu geraten oder von den ansässigen Bauern verraten zu werden, waren sie zu einem stetigen Ortswechsel gezwungen, verbunden
mit Gewaltmärschen. Guevara hatte immer wieder mit Asth-
maanfällen zu kämpfen. Einmal musste er deshalb mit einem
Gefährten zurückbleiben und seine Waffe abgeben – für ihn
»gehörten diese Tage zu der bittersten Zeit, die ich in der
Sierra erlebt habe« (AW 2, S. 86). Er bot alle seine Willenskraft auf, um nicht noch einmal in eine solche Situation zu
geraten.

Die Lage besserte sich erst, nachdem es Castro gelungen war,
den Kontakt zur illegalen, von Frank País geleiteten Wider-
standsorganisation »Bewegung 26. Juli« – benannt nach dem
Datum von Castros gescheitertem Versuch der Erstürmung
der Moncada-Kaserne 1953 – herzustellen und von ihr neues
Personal und Waffen zu erhalten. Mit ihrer Hilfe konnte auch

**Beginn der kuba-
nischen Guerilla**

ein halbwegs verlässliches Versorgungs- und Informationsnetz aufgebaut werden. Castro verstand sich meisterhaft auf die Doppelstrategie von militärischer und psychologischer Kriegsführung. Das zeigte sich gleich nach dem erfolgreichen ersten Gefecht in La Plata, als er befahl, verwundete feindliche Soldaten, die man gefangen genommen hatte, zu pflegen und dann freizulassen, um so die Moral der Regierungstruppen zu unterhöhlen.

Die medizinische Versorgung der eigenen wie der feindlichen Kämpfer – und zunehmend auch der bäuerlichen Bevölkerung – war für Guevara eine Pflicht, die er mit den wenigen Medikamenten und seiner geringen Erfahrung erfüllte, so gut er konnte. Aber immer stärker drängte es ihn, die Rolle des revolutionären Arztes – von der er so lange geträumt hatte – mit der des kämpfenden Guerillero zu vertauschen. In einem vom 28. Februar 1957 datierten Brief an seine Frau Hilda heißt es: »Ich bin wohlauf und lechze nach Blut.« (zit. n. Anderson 2002, S. 185) Wohl eine jener überspitzten Formulierungen, wie sie sich in beinahe allen Briefen an die Familie finden, doch zugleich Ausdruck für den Wunsch, sich im Kampf zu bewähren und auszuzeichnen. Als ihm im Mai die Bedienung eines leichten Maschinengewehres übertragen wurde, war er überglücklich, endlich direkt am Kampfgeschehen teilnehmen zu können. Bei Gefechten zeigte er sich unerschrocken, biswilen sogar so tollkühn, dass ihn seine Gefährten ermahnen mussten, sein Leben nicht leichtfertig aufs Spiel zu setzen. Im Juli wurde er zum Comandante befördert.

Ernennung zum Comandante

Als Symbol der Ernennung erhielt er einen kleinen roten Stern, der später auf der Baskenmütze sein Markenzeichen werden sollte. Zugleich wurde ihm die Führung einer eigenen Kolonne übertragen. Durch diese Beförderung wurde Guevara zum zweiten Mann der Guerillaarmee hinter Castro.

»Die Dosis Eitelkeit, die wir alle in uns tragen, bewirkte, daß ich mich an jenem Tag als der stolzeste Mensch der Welt fühlte.« (Che Guevara, *Cubanisches Tagebuch*; AW 2, S. 139)

Nach mehreren Scharmützeln und der Erstürmung der Kaserne von El Uvero Ende Mai 1957 hatte die Regierung ihre Militärposten in der Sierra Maestra geräumt. Die »Nomadenphase« der ersten sechs Monate war zu Ende, und die Guerilla gebot zum ersten Mal über ein sehr begrenztes, aber »befreites« Territorium. Nun galt es, diesen Gewinn zu konsolidieren, ein effektives Versorgungs- und Informationsnetz und eine bescheidene Infrastruktur aufzubauen. Guevara hatte maßgeblichen Anteil daran, dass nach und nach eine kleine Krankenstation, ein Brotofen, eine winzige Schweine- und Geflügelfarm sowie eine Schusterei, eine Schneiderwerkstatt und schließlich sogar eine »Waffenfabrik« entstanden, in der Guevara mit der Herstellung von Granaten experimentierte. Außerdem kümmerte er sich um die Bauern, diskutierte mit ihnen die ersten Schritte einer Agrarreform und brachte ihnen – wie vielen seiner Mitkämpfer – Lesen und Schreiben bei, gab die Zeitung *El Cubano Libre* heraus und gründete den Rebellensender »Radio Rebelde«. Seine Unermüdlichkeit, seine persönliche Bescheidenheit, sein moralischer Rigorismus und vor allem sein praktizierter Egalitarismus brachten ihm unter den Guerilleros wie den Bauern eine fast verklärende Bewunderung ein. Hier entstand die Grundlage für den späteren »Mythos Che« – ein Anführer, der seinen Männern alles abverlangte, aber nichts forderte, wozu er nicht selbst bereit war.

Kommunistisches Leben in der Sierra Maestra

Für Guevara bedeutete diese Zeit wohl eine der glücklichsten in seinem Leben, da er für eine kurze Dauer und in einem begrenzten Territorium seine Vorstellung eines »kommunistischen« Zusammenlebens verwirklichen konnte. Noch Jahre später schwärmte er: »Die Guerilla und die Bauernschaft verschmolzen allmählich zu einer Einheit, ohne daß jemand sagen könnte, in welchem Moment des langes Weges sich das vollzog, in welchem Augenblick die Proklamation zur lebendigen Wahrheit wurde und wir uns untrennbar mit der Bauernschaft vereinten. Ich weiß nur, was mich selbst betrifft, daß jene Sprechstunden für die Bauern der Sierra meine spontane und etwas lyrische Entscheidung zu einem hellsichtigen und festen Standpunkt von ganz anderem Wert machten. Niemals haben jene leidgeprüften und aufrichtigen Bewohner der Sierra Maestra geahnt, welche Rolle sie als Gestalter unserer revolutionären Ideologie spielten.« (AW 2, S. 90) Der letzte Satz trifft auf Guevara in einem ganz umfänglichen Sinn zu. Alle seine weiteren militärischen, politischen und moralischen Vorstellungen sowie seine Lebensführung wurden im Wesentlichen durch die Erfahrungen in der Sierra Maestra geprägt. So sehr, dass er sie selbst dort zur Maxime erhob, wo ganz andere Bedingungen herrschten, ob im revolutionären Kuba, im Kongo oder in Bolivien.

Revolutionäre Disziplin Die Radikalität und moralische Rigorosität forderten schon zu Zeiten des kubanischen Guerillakrieges einen hohen Preis. Von Beginn an stand auf Befehlsverweigerung, Desertion, Defätismus, Verrat und Spionage für den Feind die Todesstrafe. Und die Guerilla zögerte nicht, sie auch anzuwenden. Wahrscheinlich war es Guevara selbst, der den ersten Verräter in ihren Reihen, Eutimio Guerra, exekutierte, obwohl bis heute niemand, der bei der Hinrichtung am 17. Februar 1957 anwesend war, den Namen desjenigen genannt hat, der das Urteil vollstreckte. Jon Lee Anderson, der Einblick in das bislang unveröffentlichte Kriegstagebuch Guevaras nehmen konnte, fand dort den eindeutigen Eintrag: »Die Situation war für die Männer und für [Eutimio] unangenehm, also machte ich dem ganzen ein Ende und schoß ihm mit einer 32er-Pistole in die rechte Gehirnhälfte mit Austrittsloch am rechten Schlä-

Che Guevara und Fidel Castro in der Sierra Maestra, 1957

fenbein. Er röchelte noch ein wenig, dann war er tot.« (zit. n. Anderson 2002, S. 192 f.)

Gelegentlich bei Guevara aufkeimende Zweifel, ob die Todesstrafe in jedem einzelnen Fall – nicht etwa prinzipiell – angemessen oder ob die als Bewährungsstrafe verstandenen Scheinhinrichtungen überhaupt zu legitimieren seien, unterdrückte er mit dem Hinweis auf die Kriegssituation, die das Aufrechterhalten der revolutionären Disziplin notwendig gemacht habe. Zu diesem Zweck wurden auch immer wieder Einzelne oder ganze Gruppen ausgesondert und nach Hause geschickt, wenn sie den physischen oder psychischen Anforderungen der Guerilla nicht gewachsen schienen.

Vom Sommer 1957 bis zum Frühjahr 1958 ergab sich eine Pattsituation: Die Regierungstruppen wagten sich nur noch sporadisch in das von den Rebellen kontrollierte Gebiet; die Guerilla war ihrerseits mit der Reorganisation und Festigung ihrer Truppen beschäftigt und noch nicht stark genug, um den Kampf aus den Bergen in die Ebene verlagern zu können. Inzwischen hatten sich jedoch neue Fronten eröffnet.

Außer Castros Guerilla kämpften noch andere militante Oppositionsgruppen in den Städten mit Anschlägen, Sabotageaktionen und Attentaten gegen das kubanische Regime. Der Druck auf Batista verstärkte sich nicht nur wegen seiner militärischen Misserfolge, die brutalen Vergeltungsmaßnahmen gegen die Opposition und vermeintliche Sympathisanten ließen selbst Batistas Waffenlieferanten USA zeitweilig auf Distanz zu ihm gehen. In dieser Situation kam es zu heftigen Auseinandersetzungen innerhalb der Opposition über das weitere Vorgehen, die Perspektiven Kubas und nicht zuletzt über die zukünftige Machtverteilung. Che Guevara witterte Verrat an der Revolution und erhob die Meinungsverschiedenheiten zu einem nahezu unversöhnlichen Gegensatz zwischen der »Sierra« (Castros Guerilla) und dem »Llano« (den städtischen Revolutionären), den er ultimativ aufforderte, die Guerilla in der Sierra Maestra bedingungslos zu unterstützen und deren Rolle als Vorhut der Revolution anzuerkennen.

Ein weiterer ideologischer Streitpunkt betraf Guevara auch persönlich: die Haltung gegenüber der Kommunistischen

Zerstrittene Opposition

Partei Kubas, der Partido Socialista Popular (PSP). Die Oppositionsgruppen waren durchweg antikommunistisch eingestellt. Und Castro? Auf eine diesbezügliche Frage des argentinischen Journalisten Jorge Ricardo Masetti, der Guevara in der Sierra Maestra aufsuchte, antwortete dieser: »Fidel ist kein Kommunist. Wäre er einer, dann hätten wir zumindest mehr Waffen. Aber diese Revolution ist rein kubanisch. Oder besser, lateinamerikanisch. Politisch kann man Fidel und seine Bewegung vielleicht als ›revolutionär nationalistisch‹ bezeichnen. [...] Und derjenige, der am häufigsten des Kommunismus bezichtigt wird, bin eigentlich ich.« (zit. n. Anderson 2002, S. 260) Mit beidem hatte Guevara Recht. Allerdings wurde er nicht nur des Kommunismus bezichtigt, sondern bekannte sich auch dazu: »Dank meiner ideologischen Ausbildung gehöre ich zu denen, die glauben, daß die Lösung der Probleme dieser Welt sich hinter dem sogenannten eisernen Vorhang befindet.« (zit. n. Castañeda 1998, S. 136) Gleichwohl hegte er immer ein gewisses Misstrauen gegenüber dem sowjetischen Kommunismus, dem er Bürokratie und eine Distanz zu den Arbeitern und Bauern vorwarf.

Guevara jedenfalls hatte weit weniger Berührungsängste gegenüber der PSP als seine Gefährten. Als Bedingung für eine Zusammenarbeit verlangte er allerdings auch von den Kommunisten die Unterordnung unter Castro und die Guerilla – mit einer für ihn typischen Begründung: »Ihr seid imstande, Kader auszubilden, die sich in einer dunklen Kerkerzelle in Stücke reißen lassen, ohne ein Wort zu sagen, aber ihr seid nicht imstande, Kader zu formen, die ein MG-Nest im Sturm nehmen können.« (AW 2, S. 223) Fidel Castro hatte Mühe, die durch Guevaras Polemiken verursachten Wogen zu glätten. Nur mit einigem Verhandlungsgeschick und seiner ungeheuren Autorität gelang es ihm, die Opposition erneut zu vereinen.

Offensive und Gegenoffensive Nach einem missglückten Generalstreik am 9. April 1958 rüstete Batista zur Offensive. Er ließ 10 000 Mann rund um die Sierra Maestra Stellung beziehen und am 25. Mai vorrücken. Innerhalb eines Monats eroberten sie 90 Prozent des von den Rebellen kontrollierten Gebietes, doch dann steckten sie fest

Leben

>»Das Batista-Heer ging mit gebrochenem Rückgrat aus dieser letzten Offensive gegen die Sierra Maestra [her]vor, aber noch war es nicht besiegt.« (Che Guevara, *Cubanisches Tagebuch*; AW 2, S. 283)

und gerieten ein ums andere Mal in Hinterhalte. Obwohl die Guerilla nur über rund 300 bewaffnete Kämpfer verfügte, zogen sich Batistas Soldaten, kriegsmüde und zunehmend demoralisiert, sechs Wochen später aus den Bergen zurück.

Castro gönnte weder seiner Truppe noch dem Feind eine Pause, sondern schickte umgehend drei Kolonnen unter der Führung seines Bruders Raúl, Guevaras und Camilo Cienfuegos' ins Flachland. Guevara fiel die strategisch wichtige und letztlich kriegsentscheidende Aufgabe zu, ins Escambray-Gebirge in der kubanischen Zentralprovinz Las Villas vorzurücken und dort alle Verbindungswege zu unterbrechen, um die Insel zu teilen.

Seine Kolonne bestand aus 148 Mann, aufgrund des hohen Risikos allesamt Freiwillige, Durchschnittsalter 24 Jahre, viele von ihnen Jugendliche, die ihm blind vertrauten. Am 30. August 1958 brachen sie auf, zu Fuß, durch unwegsames, meist sumpfiges Gelände, bald von Hunger und Durst gepeinigt, von Gewaltmärschen und Krankheiten erschöpft, häufig von Flugzeugen beschossen, stets in der Furcht, verraten zu wer-

Im Escambray-
Gebirge, 1958

den und in einen Hinterhalt zu geraten. Die Bedingungen glichen denen jener ersten Zeit nach der Landung in Kuba eineinhalb Jahre zuvor. Allein die Tatsache, dass Guevara mit seinen Leuten nach sechswöchigen physischen und psychischen Strapazen überhaupt das Ziel erreichte, war eine Meisterleistung.

Nach seiner Ankunft verlor Guevara keine Zeit. Durch Geschick, Autorität und Härte einte er die zerstrittene Opposition im Escambray und führte auch dort die strenge Disziplin der Sierra ein. Erste Schritte der Agrarreform wurden eingeleitet, Schienenstränge und Brücken gesprengt, kleinere Kasernen gestürmt und vagabundierende Räuberbanden rigoros verfolgt. Nachdem das Gebiet weitgehend unter Kontrolle der Guerilla gebracht und sämtliche Verkehrsverbindungen zum westlichen Teil der Insel, in dem noch Batista herrschte, unterbrochen waren, setzte Guevara zum Sturm auf die Provinzhauptstadt Santa Clara an, dem letzten verbliebenen Hindernis auf dem Weg nach Havanna.

Die Entscheidungsschlacht Santa Clara, mit 150 000 Einwohnern die größte Stadt in Zentralkuba, beherbergte rund 4 000 bestens ausgerüstete Regierungssoldaten. Am 29. Dezember 1958 drangen Guevara und 400 Guerilleros in die Stadt ein. In einer dreitägigen Schlacht, der blutigsten während der gesamten Kämpfe, eroberten die Rebellen eine Bastion nach der anderen, selbst einen von der Regierung gerade noch zur Verstärkung geschickten Panzerzug. Nachdem sich Fulgencio Batista in der Silvesternacht in die Dominikanische Republik abgesetzt hatte, gaben am 1. Januar 1959 auch die letzten Verteidiger auf.

Dieser brillante Sieg, vor allem aber Guevaras Rastlosigkeit in diesem letzten Gefecht wie auch sein bescheidenes, doch zugleich bestimmtes Auftreten festigten den legendären Ruf des »Comandante Che«. Selbst in der Stunde des Triumphes soll er seiner egalitären Haltung treu geblieben sein. Als einige seiner jungen Mitkämpfer Autos von geflüchteten Batista-Anhängern requirierten, um mit ihnen zur Siegesfeier nach Havanna zu fahren, habe Guevara ihnen die Autoschlüssel mit der Begründung abgenommen: »Sie sollten nicht in einem Augenblick das zerstören, was für die Rebellenarmee die

Norm gewesen ist: die Achtung der anderen. Sie sollten in Havanna auf Lastwagen, Bussen oder zu Fuß einziehen, aber alle mit dem gleichen Transportmittel.« (zit. n. Taibo 1997, S. 272)

Die Schlacht von Santa Clara wie die durch Guevaras *Cubanisches Tagebuch* gleichsam kanonisch gewordene Schilderung der Geschichte des kubanischen Befreiungskrieges haben den Eindruck entstehen lassen, der Erfolg der Revolution sei primär den militärischen Operationen der Guerilla zu verdanken gewesen. Guevaras Idealisierung und Überhöhung des bewaffneten Kampfes in der Sierra Maestra und die gleichzeitige Vernachlässigung der politischen und organisatorischen Unterstützung durch den Widerstand in den Städten suggerieren eine Autonomie der Guerilla, die allein auf Willenskraft, Moral und Disziplin gegründet ist. Ein fatales Missverständnis, das sich später im Kongo und vor allem in Bolivien rächen sollte.

Vgl. »Cubanisches Tagebuch«, S. 74 ff.

In Amt und Würden:
Der Guerillero als Minister (1959-1965)

Am Nachmittag des 2. Januar 1959 rückten die ersten Kolonnen der »barbudos«, der bärtigen Guerilleros, in Havanna ein. Die Bevölkerung der Hauptstadt bereitete ihnen einen triumphalen Empfang. Che Guevara traf mit seinen Männern wenige Stunden später ein und wurde von Castro, der sich noch in Santiago aufhielt, nicht in das militärische Hauptquartier beordert, sondern in die mächtige Festung La Cabaña, die Stadt und Hafen beherrschte. Was immer die Gründe für diese Entscheidung gewesen sein mögen, es hätte sich wohl schlecht gemacht, wenn ein Ausländer in den ersten Tagen nach dem Sturz Batistas das Zentrum der Macht – wenn auch nur symbolisch – besetzt hätte. Dem wurde bald abgeholfen. Mit der neuen Verfassung trat am 7. Februar auch ein Gesetz in Kraft, das alle diejenigen zu kubanischen Staatsbürgern machte, die mindestens ein Jahr lang im Range eines Comandante in der Guerillaarmee gekämpft hatten. Als Einziger davon betroffen: Che Guevara.

Einzug in Havanna

In La Cabaña sollte unmittelbar nach dem Sieg mit dem Aufbau einer neuen Armee begonnen werden. Das schloss neben der ideologischen und kulturellen Erziehung der Soldaten auch die Säuberung der Batista-Armee ein. Wer beschuldigt wurde, für den Diktator gemordet oder gefoltert zu haben, wurde vor ein Revolutionstribunal gestellt. Die Laienrichter unter Vorsitz des erst 21-jährigen Buchhalters Orlando Borrego, eines Mitkämpfers und Guevara-Vertrauten, machten im wahrsten Sinne des Wortes kurzen Prozess. Jeden Abend zwischen acht und neun Uhr trat das Gericht zusammen, hörte Zeugen und Gegenzeugen und verkündete danach die

Strafe – nicht selten das Todesurteil, das noch in der gleichen Nacht vollstreckt wurde. Im Laufe der ersten beiden Monate wurden so mehrere hundert Personen exekutiert.

Che Guevara war an diesen Prozessen nicht unmittelbar beteiligt, studierte aber vorher die Anklageschriften und zeichnete auf Weisung Castros als Oberkommandierender der Festung für die Urteile verantwortlich. In der exilkubanischen Presse nannte man Guevara deshalb schnell den »Schlächter von La Cabaña«, während in Kuba angesichts von 20 000 Todesopfern der Batista-Diktatur das Vorgehen Fidel Castros und Guevaras bei vielen auf Verständnis und Zustimmung stieß.

> »Die Hinrichtungen durch Erschießungskommandos sind nicht nur eine Notwendigkeit für das Volk von Kuba, sondern auch eine vom Volk auferlegte Verpflichtung.« (Che Guevara in einem Brief vom 5. Februar 1959 an den Argentinier Luis Peredes López; zit. n. Anderson 2002, S. 321)

Mitten in diese Situation hinein platzte Guevaras Familie. Die Eltern samt dem jüngsten Sohn Juan Martín landeten am 9. Januar in Havanna. Fast sechs Jahre hatten sie Ernesto nicht mehr gesehen. Trotz der großen Wiedersehensfreude machte sich bald eine gewisse Entfremdung, vor allem zwischen Vater und Sohn, bemerkbar. Auf die bange Frage von Ernesto senior nach Ches beruflicher Zukunft antwortete sein Sohn kühl: »Was meinen Arztberuf angeht, habe ich ihn schon seit langem aufgegeben. Jetzt bin ich ein Kämpfer, der am Ausbau einer Regierung arbeitet.« (zit. n. Taibo 1997, S. 280) Die persönliche Lage wurde noch komplizierter, als am 23. Januar Hilda Gadea mit der gemeinsamen Tochter Hildita in Kuba eintraf. Denn Che Guevara hatte sich während der Kämpfe in Las Villas in die junge hübsche Kubanerin Aleida March verliebt. Aus dem Bürgertum stammend, hatte sie sich früh in den Dienst der Guerilla gestellt. Seit Las Villas war sie stets an Guevaras Seite geblieben, zunächst als Mitkämpferin, dann als Sekretärin. Hilda Gadea musste enttäuscht zur Kenntnis nehmen, dass sie ihren Mann erst an die Revolution und nun an eine andere Frau verloren hatte. Widerwillig nahm sie

Familiäre Probleme

Ches Angebot an, ihre Freundschaft aufrechtzuerhalten, und blieb in Kuba. Vielleicht hatte sie sich von dieser räumlichen Nähe mehr versprochen, aber am 22. Mai wurde ihre Ehe geschieden. Zwei Wochen später heiratete Che Guevara Aleida March.

Guevara, der mit privaten Problemen schlecht umgehen konnte, stürzte sich in die Arbeit. Und davon gab es mehr als genug. Von Anfang an gehörte er – wie schon in der Sierra Maestra – zusammen mit Fidel Castro und dessen Bruder Raúl zum Triumvirat, das die Geschicke der Insel bestimmte. Zwar war unmittelbar nach dem Einmarsch in Havanna eine eher bürgerlich-nationalistische Regierung gebildet und Manuel Urrutia zum Präsidenten ernannt worden, doch die eigentlichen Weichenstellungen nahm der Kreis um die Castro-Brüder und Guevara in konspirativen Treffen in ihren Privathäusern vor.

Mit Aleida in der Festung La Cabaña, Januar 1959

Immer waren es Raúl und Che Guevara, die auf radikale Maßnahmen drängten und die Revolution in sozialistische Bahnen lenken wollten, während Fidel Castro eher zu einem gemäßigteren Tempo riet. Das war kein prinzipieller Dissens, sondern eine Art Arbeitsteilung, die für die nächsten sechs Jahre beibehalten wurde. Fidel Castro war der unumstrittene, auch von Guevara stets anerkannte Chef, der in allen Dingen das letzte Wort behielt. Che agierte als ideologischer Motor der Revolution, als Radikaler, der sich häufig unverblümt äußerte und dabei wenig diplomatische Rücksichten nahm. Dieses Vorpreschen, das ganz Guevaras Naturell entsprach, ermöglichte es Fidel Castro, sich zunächst zurückzuhalten, die in- und ausländischen Reaktionen abzuwarten, um in aller Regel nach einigen Monaten die Vorgaben Guevaras zu unterstützen.

Leiter des INRA

Im Sommer übernahm das Triumvirat auch offiziell die politischen Schlüsselpositionen in Kuba: Fidel Castro als Ministerpräsident, sein Bruder Raúl als Verteidigungsminister, und Guevara wurde Leiter der Industrieabteilung im neu geschaf-

fenen Nationalen Institut für die Agrarreform (INRA). Der
unscheinbare und etwas bürokratisch klingende Titel täuscht.
Das INRA stellte das Zentrum der kubanischen Revolution
dar und in ihm die Industrieabteilung das wichtigste Ressort.
Wenig später, am 26. November 1959, wurde er zusätzlich
zum Präsidenten der Nationalbank ernannt.

Damit hatte der gerade einmal 31-jährige Guevara eine
Machtposition inne, von der aus er die wirtschaftliche Entwicklung Kubas entscheidend beeinflussen konnte. Durch
mangelnde fachliche Kompetenz ließ sich Guevara nicht
schrecken. Er umgab sich mit einem Beraterstab von Wirt-
schaftswissenschaftlern und Finanzexperten und ließ sich
zweimal wöchentlich Mathematik- und Ökonomieunterricht
erteilen, um seine dürftigen ökonomischen Grundkenntnisse
zu vertiefen, die im Wesentlichen auf der Lektüre der marxistischen Klassiker beruhten. Guevara gab sich keinen Illusio-
nen hin, dass er dadurch zum Wirtschaftsfachmann werden
könnte. Er wollte das auch gar nicht. Für ihn standen wirtschaftliche Entscheidungen im Horizont weitreichenderer
politischer und ethischer Zielsetzungen. Die anzustrebenden
wirtschaftlichen Veränderungen beurteilte er nicht nach ökonomischen Kriterien, sondern einzig und allein danach, ob sie
zum Aufbau des Sozialismus und zur Schaffung eines neuen
Menschen in Kuba beitrugen oder nicht.

Guevara blieb in seinen neuen Ämtern, was er in der Sierra   Arbeitsalltag
Maestra geworden war: ein Guerillero. Das zeigte sich schon
an seinem Büro, das einem Guerillalager glich. Außer dem
Schreibtisch kaum Möbel, dafür ein Gewehr an der Wand,
um ihn herum eine Gruppe junger Bewaffneter, seine Leib-
garde. Stets trug er die olivgrüne Militäruniform, ob im Büro,
bei öffentlichen Auftritten oder bei freiwilligen Arbeitseinsät-
zen. Selbst bei seiner Rede vor der UNO-Vollversammlung in
New York ließ er sich nicht davon abhalten. Was an die Bo-
heme-Attitüden des jungen Ernesto Guevara erinnert, an den
jugendlichen Abenteurer, der die gesellschaftlichen Konventionen verachtete und es liebte zu schockieren, hatte nun einen tieferen Sinn: die Identifizierung mit der Revolution in
jedem Augenblick und an jedem Ort. Mehr noch: Er über-

trug die für ihn zentralen Anforderungen an einen Guerillakämpfer auf die tägliche Arbeit und verlangte von sich wie
von seinen Mitarbeitern grenzenlose Opferbereitschaft und
revolutionäre Disziplin.

Der Minister im
Guerillalook
vor der UNO,
Dezember 1964

Er selbst arbeitete 16 bis 18 Stunden am Tag. Auswärtige Besucher, ob Journalisten oder Intellektuelle wie Jean-Paul Sartre
und Simone de Beauvoir, empfing er meist weit nach Mitternacht in seinem Büro und diskutierte mit ihnen bis zum Morgengrauen – immer die unvermeidliche Zigarre, die er in den
Tagen in der Sierra Maestra schätzen gelernt hatte, und einen
Matetee in der Hand. Er achtete penibel auf Pünktlichkeit
und war geradezu zwanghaft darauf bedacht, ja keine materiellen Vorteile aus seinen Ämtern oder seinem Ruhm zu ziehen. Das galt für ihn wie für seine Familie. Als er einmal mit
seiner Tochter ein Fahrradwerk besichtigte und dessen Leiter
am Schluss dem Drängen des Kindes nachgab und ihm ein
Fahrrad schenken wollte, fuhr ihn Guevara an, wie er dazu
komme, Volkseigentum zu verschenken. Er selbst verzichtete
auf das Gehalt, das ihm als Minister oder Nationalbankpräsident zustand, und beschied sich mit dem Sold, den er nach
wie vor als Major der Armee bezog. Das war mehr als eine

Geste der Bescheidenheit, es offenbarte sein Selbstverständnis: Er sah sich vorrangig als »Comandante Che«. Und so unterschrieb er auch die Banknoten mit einem einfachen »Che«. Der Privilegienverzicht war indes keine bloß persönliche Marotte von Guevara, sondern der Kern seiner moralischen Weltanschauung. Materielle Anreize verdarben in seinen Augen den Charakter eines Revolutionärs: Solange sie das dominante Motiv für menschliches Handeln blieben, könne keine wahrhaft kommunistische Gesellschaft aufgebaut werden. Und Guevara zögerte keinen Augenblick, mit drakonischen Maßnahmen revolutionäre Disziplin zu erzwingen. Wer von seinen Mitarbeitern im INRA, in der Nationalbank und später im Industrieministerium sich moralisch etwas zu Schulden kommen ließ, wurde von ihm vor die Alternative gestellt, entweder seinen Posten zu verlassen oder sich für einige Wochen oder gar Monate zur Bewährung »an die Front« zu melden, das hieß zum Arbeitseinsatz in dem eigens dafür eingerichteten Straflager in Guanahacabibes. Danach konnte der Betreffende seinen Dienst wieder antreten.

Verzicht auf Privilegien

Aufgrund seiner völligen Hingabe an die Revolution, seiner egalitären Haltung und seines asketischen Lebensstils wurde Che Guevara von vielen geliebt, bewundert, ja nicht selten verehrt. Wie schon in der Sierra Maestra gab es nicht wenige, die ihm gegenüber eine fast fanatische Treue zeigten. Aber aus den gleichen Gründen wurde er von vielen auch gehasst. Keineswegs nur von denjenigen, die seine politischen Perspektiven und moralischen Visionen nicht teilten, sondern auch von denen, die sich schlicht überfordert fühlten und sich nach einem privaten Freiraum, nach einem arbeitsfreien Sonntag sehnten. Ihnen hielt er entgegen: »Es gibt kein Leben außerhalb der Revolution.« (AW 6, S. 33) Ein Mann mit diesem Anspruch konnte andere ohne Zweifel in bestimmten Situationen mitreißen,

»Selbst Che konnte nicht immer wie Che sein. Manchmal wurde auch er müde, kam erschöpft nach Hause und wollte mit seinen Kindern allein sein.« (Haydée Santamaría, Gründungsmitglied der »Bewegung 26. Juli«; zit. n. Taibo 1997, S. 378 f.)

sie alle übrigen Bedürfnisse vergessen und an einer kaum vergleichbaren Intensität des Lebens teilhaben lassen. Auf die Dauer aber war ein solches Vorbild – bei allem Charisma Che

Guevaras – nur aus der Ferne auszuhalten. Und selbst er konnte seinen Ansprüchen nicht immer genügen.

Willenskraft, revolutionäre Moral und Disziplin schienen Guevara der Schlüssel für einen wirklich revolutionären Sozialismus zu sein. Natürlich bedurfte es dazu auch grundlegender wirtschaftlicher Veränderungen, zuallererst der Aufhebung des Privateigentums an Produktionsmitteln. Allen Beteiligten war das hieraus sich ergebende Dilemma von Anfang an bewusst: Ohne eine umfassende Agrarreform würde es keine kubanische Revolution geben, sondern nur einen Machtwechsel. Und umgekehrt würde jede Bodenreform, die diesen Namen verdiente, unweigerlich zu einer Konfrontation mit den USA führen. Dies hatte das Beispiel des von der CIA unterstützten Militärputsches gegen Jacobo Arbenz in Guatemala erst wenige Jahre zuvor in aller Deutlichkeit gezeigt.

Auf Konfrontationskurs mit den USA Guevara entschied sich für den Konflikt mit den USA. Zielstrebig betrieb er die schrittweise Verstaatlichung des Grundbesitzes, der Industrie, der Banken und des Außenhandels. In einem Bündel von Maßnahmen und Gegenmaßnahmen erreichte das Verhältnis zwischen Kuba und den USA im Oktober 1960 einen ersten Tiefpunkt, als die Vereinigten Staaten ein Handelsembargo beschlossen, wenig später die diplomatischen Beziehungen zur Karibikinsel abbrachen und in der Organisation Amerikanischer Staaten (OAS) dafür sorgten, dass die anderen Länder Lateinamerikas beim Boykott nachzogen. Die politische und wirtschaftliche Isolierung in ganz Amerika traf Kuba existentiell. Die Insel lebte hauptsächlich vom Zuckerexport, der zu drei Vierteln in die USA ging.

Guevara verfolgte in den Auseinandersetzungen mit den USA eine zweifache Strategie: Zum einen forcierte er die Annäherung an die sozialistischen Länder, insbesondere an die von ihm seit Mitte der fünfziger Jahre bewunderte Sowjetunion, die das Handelsembargo durchbrechen sollten. Zum anderen verordnete Guevara der kubanischen Wirtschaft eine radikale Umstrukturierung: Eine hektisch betriebene Industrialisierung sollte Kuba aus der Abhängigkeit von der Monokultur Zucker befreien und eine zunehmende Zentralisierung die

Wirtschaftsentwicklung rationaler und planbarer machen. Zweifellos unterstützte Castro diese Maßnahmen – wenn auch öffentlich mit einer gewissen zeitlichen Verzögerung –, andernfalls hätte er nicht ausgerechnet Guevara immer wieder als Botschafter auf zum Teil mehrmonatige Reisen rund um den Globus geschickt, um für die kubanische Revolution zu werben und Handelsbeziehungen aufzubauen. Die Erfolge von Guevaras immenser Reisetätigkeit konnten sich sehen lassen. Bis Ende 1960 hatte er es geschafft, die gesamte jährliche Zuckerernte an andere Staaten zu verkaufen und somit den Ausfall des Hauptimporteurs USA zu kompensieren.

Doch war dies nur ein vorläufiger Sieg. Denn durch die zumeist mit sozialistischen Ländern abgeschlossenen Handelsabkommen begab sich die kubanische Revolution nicht nur in eine wachsende Abhängigkeit von der Sowjetunion, sie brachte auch neuen Zündstoff in die Beziehungen zu den USA. Diese hatten auch offiziell keinen Zweifel daran gelassen, dass sie einen kommunistischen Einfluss in der westlichen Hemisphäre unter keinen Umständen dulden würden. Beinahe täglich erwartete man daher in Kuba die US-amerikanische Invasion, die schließlich in der Nacht vom 16. auf den 17. April 1961 erfolgte. Von der CIA unterstützte Exilkubaner landeten am Girón-Strand. Castro, durch einige Bombardements vorgewarnt, hatte keine Minute gezögert und 200 000 Milizionäre mobilisiert, die nach vier Tagen die Eindringlinge getötet, festgenommen oder vertrieben hatten. Das Unternehmen »Schweinebucht« endete in einem völligen Fiasko.

Noch immer in der Euphorie des Sieges ließ sich Kubas **Kuba-Krise** Führung ein Jahr später auf einen gefährlichen Vorschlag des Kreml-Chefs ein. Als Nikita Chruschtschow am 30. Mai 1962 den Kubanern militärische Hilfe anbot, die auch ein Kontingent von Atomraketen beinhaltete, willigten die Castro-Brüder und Guevara ein. Zwar drängten sie auf eine Veröffentlichung des Militärabkommens, doch Chruschtschow bestand auf Geheimhaltung. Am 15. September trafen die ersten Raketenteile als Frachtgut getarnt in Kuba ein. Einen Monat später entdeckten US-Spionageflugzeuge die Raketenbasen,

Bündnispartner
auf Zeit:
Guevara zu
Besuch bei
Nikita Chru-
schtschow,
Ende 1960

und es kam zum Eklat. Der US-Präsident verhängte eine völlige Blockade über Kuba und forderte die Sowjetunion ultimativ auf, ihre Atomraketen von der Insel zurückzuziehen. In diesen Tagen stand die Welt kurz vor einem Atomkrieg, bis Chruschtschow am 28. Oktober den Rückzug anordnete.

Castro, der davon über eine Nachrichtenagentur erfuhr – man hatte ihn weder gefragt noch informiert –, schäumte vor Wut und musste schmerzlich erkennen, dass Kuba nur ein Spielball der Weltmächte gewesen war. Guevara war nicht minder empört, hatte er doch wenige Tage zuvor die Bereitschaft der kubanischen Revolutionäre verkündet, notfalls auch einen Atomkrieg zu führen, selbst wenn dieser »Millionen Opfer« (AW 4, S. 138) fordern würde. Und nun solch eine Demütigung, durch einen Verbündeten zumal. Für Che Guevara bedeutete sie einen Wendepunkt in seinem Leben. Während Castro sich den politischen und ökonomischen Zwängen beugte und im Februar 1963 nach Moskau reiste, um dort ein neues Handelsabkommen zu unterzeichnen, ging Guevara langsam, aber stetig auf Distanz zur Sowjetunion.

Vgl. »Wirt-
schaftspolitik«,
S. 90 ff. Auch mit seiner zweiten Gegenstrategie – der Industrialisierung und Diversifizierung der kubanischen Wirtschaft – erlitt Guevara Schiffbruch. Anfang 1963 war nicht mehr zu übersehen, dass Kubas Ökonomie in einer tiefen Krise steckte. Guevara, schließlich der politische Hauptverantwortliche, zog selbstkritisch Bilanz und ging gleichzeitig in die Offensive.

Mit einer Reihe von Artikeln begann er eine Auseinandersetzung um die prinzipielle Ausrichtung der kubanischen Wirtschaftspolitik, die als »Planungsdebatte« bekannt geworden ist und die sich vornehmlich gegen den wachsenden ideologischen Einfluss sowjetischer Wirtschaftsberater richtete.

Am deutlichsten wurden die unterschiedlichen Positionen in der Frage, wie die Arbeiter und Bauern zu einer höheren Leistung angespornt werden könnten. Obwohl Guevara – widerwillig – eingestand, dass materielle Anreize wie höherer Lohn, zusätzlicher Urlaub oder Sachleistungen den Einzelnen zu einer größeren Arbeitsanstrengung motivieren könnten, hielt er solche Gratifikationen letztlich für das Einfallstor politischer Korruption. Stattdessen setzte er seine ganze Hoffnung auf moralische Anreize, die im Wesentlichen in der gesellschaftlichen Anerkennung bestehen sollten, ein Mitglied der revolutionären Avantgarde zu sein. Der Aufbau einer kommunistischen Gesellschaft erfordere die Auslöschung des bürgerlichen Individualismus als Vorbedingung für die vollständige Aufhebung der menschlichen Entfremdung. Der sozialistische Mensch des 21. Jahrhunderts, den es zu schaffen gelte, Vgl. S. 87 ff. werde dann die tägliche Arbeit als eine revolutionäre Verpflichtung begreifen und ihr mit Freude und Liebe nachgehen. Kernstück dieser Vision bildete für Guevara die freiwillige Arbeit, die er vom ersten Revolutionsjahr an unermüdlich propagierte und zu einem ganzen System ausbaute. Er selbst ging mit gutem Beispiel voran und verbrachte fast jeden freien Sonntag irgendwo in Kuba beim freiwilligen Arbeitseinsatz, sei es bei der Zuckerrohrernte, beim Löschen von Schiffsladungen im Hafen oder beim Bergbau unter Tage.

Dabei nahm er weder Rücksicht auf seine Gesundheit noch auf seine Familie. Für Aleida, die gemeinsamen vier Kinder, die zwischen 1960 und 1965 zur Welt gekommen waren, sowie für Hildita, die Tochter aus erster Ehe, hatte er kaum Zeit. Zwar berichten Zeitgenossen von einem durchaus liebevollen Umgang Guevaras mit seinen Sprösslingen, doch mussten sie ihren Vater meist entbehren. Mochte er seine Familie auch vermissen, er ließ es sich nur selten anmerken.

Das einzige nichtrevolutionäre Laster, das sich Guevara gönn-

>>Ich habe weder Haus, noch Frau, noch Kinder, Eltern oder Ge-
schwister; meine Freunde sind Freunde, solange sie politisch
so denken wie ich, und doch bin ich glücklich. Ich fühle mich
wichtig im Leben – da ist nicht nur eine mächtige innere Stärke,
die ich stets verspürt habe, sondern auch eine Fähigkeit, andere zu beeinflussen, und ein absolut schicksalhaftes Gespür
für meine Mission, das mich von jeglicher Furcht befreit.<< (Che
Guevara 1959 in einem Brief an seine Mutter aus Indien; zit. n.
Castañeda 1998, S. 205)

te, war die Leidenschaft für das Schachspiel. Wann immer er
ein wenig Zeit erübrigen konnte, nahm er an Turnieren teil,
löste Schachaufgaben oder spielte, mit wem er auch immer
gerade Gelegenheit hatte. Das führte gelegentlich zu recht ab-
surden Situationen, so etwa im Dezember 1964 in New York:
Während die Delegation, die ihn zu seinem Auftritt vor der
UNO-Vollversammlung begleitete, bereits schlief, spielte er
eine Partie mit dem US-Soldaten, der zu ihrer Bewachung vor
der Tür des Hotelzimmers postiert war.

Trotz aller persönlichen Hingabe, trotz der Vehemenz, mit
der er seine wirtschaftspolitischen Positionen in der »Pla-
Vgl. S. 91 ff. nungsdebatte« verteidigte und dabei auch nicht davor zurück-
scheute, sich mit gestandenen marxistischen Ökonomen wie
Charles Bettelheim oder Ernest Mandel anzulegen – Ende
1964 musste er sich seine Niederlage eingestehen. Seine Kritiker, und damit das sowjetische Wirtschaftsmodell, setzten
sich durch – gestützt von Fidel Castro. Es war Zeit, sich auf
etwas zu besinnen, was er all die Jahre in Kuba mit wachsen-
der Intensität verfolgt hatte und das ihm von allem am meisten am Herzen lag: den Export der kubanischen Guerilla.

Guevara hatte nie seinen Wunsch verhehlt, das kubanische
Vgl. »Der Gueril-
lakrieg«, S. 78 ff. Beispiel möge in ganz Lateinamerika Schule machen. Im
April 1960 hatte er sein Buch *Der Guerillakrieg* veröffentlicht.
Oberflächlich betrachtet, zog er darin bloß Schlussfolgerun-
gen aus den Erfahrungen, die er in der kubanischen Guerilla
gemacht hatte. Aber anders als in seinem drei Jahre später publizierten *Cubanischen Tagebuch* schilderte er nicht nur seine
persönlichen Erlebnisse aus dieser Zeit. *Der Guerillakrieg* war

gleichsam ein Handbuch, das mit den
Strategien, Taktiken und Techniken
des Guerillakampfes vertraut machen
sollte. Und in den einleitenden Passa-
gen erklärte er unumwunden die Anwendbarkeit seiner Theorie in ganz Lateinamerika. Nachdem in Kuba gezeigt
worden sei, dass man auch gegen eine
übermächtig erscheinende gegnerische
Armee siegreich sein könne, bedürfe
es nur noch der Entschlossenheit einer
kleinen, disziplinierten und gut ausgebildeten Gruppe, um den Guerillakampf zu beginnen.

Beim Schachspiel
in der Arbeits-
pause

Diese Thesen sind bekannt geworden unter dem Namen »Fokus-Theorie«, weil in ihnen der aufständische »Brennpunkt«
(span. »foco«), der den Guerillakampf initiiert, einen zentralen Stellenwert einnimmt. Sie waren die wenig verhüllte Aufforderung an alle Völker Lateinamerikas, ihre Regierungen
mit Waffengewalt zu stürzen. Auf Beschwerden, Guevara mi-
sche sich in innere Angelegenheiten der jeweiligen Staaten
ein, entgegnete er kühl, für Hunger und Elend in ihren Ländern sei schließlich nicht er, sondern die Regierungen verantwortlich. Wer Hass säe, der werde notwendig Revolution ern-
ten.

Sein kompromissloses Eintreten für das Recht der Unterdrückten auf bewaffneten Widerstand, sein unerschütter-
liches Bekenntnis zur internationalen Solidarität wie sein immer schärfer werdender Antiimperialismus machten Guevara
schnell berühmt. Mehr noch als Castro galt er international
als die Verkörperung der Revolution. Und Che Guevara tat
alles, um diesem Image gerecht zu werden, in Artikeln, Reden
und Vorträgen und nicht zuletzt bei seinen zahlreichen Auftritten im Ausland.

Vgl. »Internatio-
nalismus«;
S. 82 ff.

Er beließ es nicht bei Worten. Bereits kurz nach seiner Ernennung zum Industrieminister am 12. Februar 1961 hatte er seinem persönlichen Sekretär José Manuel Manresa gegenüber
geäußert: »Wir werden fünf Jahre hierbleiben, und dann

> Die kubanischen Revolutionäre haben »die Pflicht, die ideolo-
> gische Flamme der Revolution überall in Amerika und in der
> ganzen Welt zu verbreiten, überall dort, wo man uns hört; die
> Pflicht zur Sensibilität für Elend, Ausbeutung und Ungerechtig-
> keit überall in der Welt, die Pflicht, die José Martí in einer Aus-
> sage zusammengefaßt hat, die wir uns stets vor Augen halten
> sollen, nämlich: ›Jeder wahre Mensch muß auf seiner Schulter
> den Schlag fühlen, den jeder andere Mensch auf seiner Schul-
> ter erhält.‹ Das muß der Kern der revolutionären Haltung ge-
> genüber allen Völkern der Welt sein.« (Che Guevara in einer
> Rede am 29. September 1963; AW 6, S. 154 f.)

gehen wir wieder. Wenn wir fünf Jahre älter sind, können
wir immer noch eine Guerilla aufbauen.« (zit. n. Taibo 1997,
S. 427) Die Enttäuschungen über die Sowjets in der Kuba-
Krise, Fidel Castros baldige Aussöhnung mit Moskau sowie
die sich seit Anfang 1963 häufenden Frustrationserlebnisse in
der Wirtschaftspolitik mögen dazu beigetragen haben, sich
dieser Worte wieder zu erinnern. Im Herbst 1963 schickte er
seinen Freund, den Journalisten Jorge Ricardo Masetti, nach
Argentinien, um dort einen Guerillafokus vorzubereiten, den
er später – so seine Vertrauten – selbst zu übernehmen ge-
dachte. Doch dazu sollte es nicht kommen. Noch bevor
Masettis Gruppe richtig aktiv werden konnte, wurde sie von
der argentinischen Armee im April 1964 zerschlagen; Masetti
selbst blieb im Urwald verschollen. Als Guevara diese Nachricht erhielt, war er völlig niedergeschlagen. Gegenüber seinem alten Freund und Reisegefährten Alberto Granado äußerte er deprimiert: »Ich sitze hier hinter einem Schreibtisch,
verdammt, während meine Leute bei den Einsätzen umkom-
men, zu denen ich sie geschickt habe.« (zit. n. Anderson 2002,
S. 516)

Abschied von Kuba Es scheint, als habe Guevara im Sommer 1964 endgültig beschlossen, Kuba zu verlassen und sich wieder in einen Krieg
zu begeben. Nachdem verschiedene, von den Kubanern unterstützte Guerillaaktivitäten in Lateinamerika gescheitert
waren, zeichnete sich Afrika als ein mögliches Operationsgebiet ab, insbesondere der Kongo, der seit der Ermordung

Leben

Amtsmüde?
Im Industriemi-
nisterium, 1963

Patrice Lumumbas, des ehemaligen Präsidenten und Hoff-
nungsträgers der afrikanischen Linken, immer häufiger in
Guevaras Reden auftauchte. Mit der Reise zur UNO im Dezember 1964 begann sein Abschied von Kuba. Von New York
aus reiste er direkt nach Algerien zur befreundeten Regierung
von Ben Bella weiter und besuchte in den nächsten Wochen
in rascher Folge eine Reihe afrikanischer Länder, um recht
unverhohlen die mögliche Unterstützung für die Eröffnung
eines Guerillafokus im Kongo auszuloten. Nach einem kurzen Besuch in China kehrte er im Februar 1965 nach Algier
zurück, um dort auf einem afroasiatischen Solidaritätskon-
gress zu sprechen.
Diese Rede war nach Berichten seiner Begleiter keineswegs
spontan, sondern genau kalkuliert – und sorgte für einiges
Aufsehen. Neben den Aufrufen zur internationalen Solidarität, die man von ihm gewohnt war, und den Attacken gegen
den US-Imperialismus griff er auch die sozialistischen Staaten
an, die in ihren Handelsbeziehungen mit den unterentwickelten Ländern vor allem auf ihren eigenen finanziellen Vorteil
bedacht seien, und bezichtigte sie der Komplizenschaft mit
dem Imperialismus. Ohne dass er sie beim Namen genannt
hätte, war jedem klar, dass damit in erster Linie die Sowjetunion gemeint war. Das war Guevaras Antwort auf die Parole
von der »friedlichen Koexistenz«, die in Moskau nach der
Kuba-Krise ausgegeben worden war. Angesichts der wirt-

Rückkehr nach Havanna, März 1965 (zwischen Fidel Castro und Che Guevara Staatspräsident Osvaldo Dorticós)

schaftlichen Abhängigkeit Kubas von der Sowjetunion scheint es beinahe, als hätte sich Guevara mit der Rede von Algier willentlich die Möglichkeit einer Rückkehr in den Alltag der kubanischen Revolution abschneiden wollen.

Als er am 15. März 1965 wieder auf dem Flughafen in Havanna landete, wurde er von seiner Frau Aleida, Fidel und Raúl Castro empfangen. Unmittelbar nach der Begrüßung fuhr Guevara mit Fidel Castro in die Stadt, wo sie sich mehrere Stunden unterhielten.

Abschied von Castro:
Rückkehr in den Dschungel (1965-1967)

Differenzen mit Castro
Was genau in den Tagen nach Guevaras Rückkehr geschah, ist ein Geheimnis geblieben, da alle an den Gesprächen Beteiligten bis heute darüber geschwiegen haben. Es ist anzunehmen, dass Fidel Castro wenig begeistert über Guevaras Auftritt in Algier gewesen sein dürfte. Ob er ihn deshalb für eine Weile aus der Schusslinie nehmen, ihn gar abschieben wollte oder ob umgekehrt Guevara auf die Erlaubnis drängte, sich einer neuen Guerillabewegung anschließen zu können, ob es zu einem Streit zwischen Fidel und Che gekommen ist oder ob sie sich einvernehmlich getrennt haben – all dies ist nach wie vor

Gegenstand der Spekulation. Einiges spricht jedoch dafür, dass Guevara seinen Abschied aus Kuba bereits auf seiner Afrika-Reise vorbereitet hat. Bei manchem seiner Gesprächspartner hatte er durchblicken lassen, er könne sich ein persönliches Engagement im Kongo vorstellen, auch wenn ihn der ägyptische Präsident Nasser davor gewarnt haben soll, »daß ein weißer, fremder Anführer, der in Afrika Schwarze befehligt, nur als Tarzan-Imitation verstanden werden könne« (zit. n. Castañeda 1998, S. 353).

Jedenfalls verschwand Guevara wenig später aus der Öffentlichkeit. In aller Eile und unter höchster Geheimhaltung wurde sein Einsatz im Kongo vorbereitet. Nur 14 Tage später, am 2. April 1965, flog er mit zwei weiteren Kubanern von Havanna ab. Er hatte sein Aussehen derart verändert – Halbglatze, Brille, Prothese im Mund –, dass ihn selbst seine engsten Vertrauten nicht wiedererkannten. Zurück ließ er seine Familie, seine Freunde und politischen Mitstreiter und ein Land, dessen Geschicke er in den vorangegangenen Jahren maßgeblich mitbestimmt hatte und das ihm eine zweite Heimat geworden war. Guevara wähnte sich frei, endlich wieder ohne alle diplomatischen Rücksichten den Guerillakampf gegen den Imperialismus aufnehmen zu können. Aber bald sollte er vom Regen in die Traufe kommen.

Unterdessen konnte sein Verschwinden nicht lange unbemerkt bleiben. Zu sehr hatte Guevara im Rampenlicht der Öffentlichkeit gestanden. Angehörigen, Freunden und Bekannten hatte er mitgeteilt, er begebe sich für einen Monat zum freiwilligen Arbeitseinsatz bei der Zuckerrohrernte. Doch damit ließ sich die Gerüchteküche nicht lange eindämmen. Manche glaubten, Guevara habe einen Nervenzusammenbruch erlitten und befinde sich in einer psychiatrischen Klinik, andere wollten den Comandante an den unterschiedlichsten Orten der Welt gesehen haben. Schließlich wurde er mehrfach für tot erklärt. In der offiziellen Version hieß es lediglich, Guevara befinde sich an einem Ort, an dem er für die Fortführung der Revolution nützlich sei. Als die Gerüchte nicht verstummten, hielt Fidel Castro am 3. Oktober 1965 die Zeit für gekommen, den an ihn gerichteten Abschiedsbrief Vgl. S. 102. f.

Guevaras öffentlich zu verlesen, um weiteren Spekulationen entgegenzutreten, er habe sich eines unliebsamen Konkurrenten entledigt. Den Aufenthaltsort Guevaras verriet er jedoch nicht. Es dauerte mehr als 20 Jahre, bevor die Öffentlichkeit von seiner Teilnahme am Guerillakampf im Kongo erfuhr.

> »Ich trete formell zurück von meinen Ämtern in der Parteiführung, von meinem Ministeramt, von meinem Rang als Comandante und von meiner kubanischen Staatsbürgerschaft. Nichts Gesetzliches bindet mich mehr an Kuba, nur Bindungen anderer Art, die sich nicht wie Ernennungen aufheben lassen. [...] Andere Gebiete der Welt benötigen den Beitrag meiner bescheidenen Bemühungen.« (Che Guevara in seinem Abschiedsbrief an Fidel Castro im April 1965; AW 5, S. 33 f.)

Im Kongo Nach verschiedenen Zwischenstationen traf Guevara mit einem ersten Kontingent von 14 Kubanern – später wurde es sukzessive auf 130 Mann aufgestockt – am 24. April im Osten des Kongo ein. Dort kämpften verschiedene Rebellengruppen mit wechselndem Erfolg gegen belgische und südafrikanische Söldner sowie reguläre Truppen der Regierung von Moise Tschombé. Obwohl es weder an Personal noch an Waffen mangelte, die reichlich aus der Sowjetunion und China geliefert wurden, erwies sich die kubanische Unterstützungsmission im Kongo als ein einziges Desaster. Mit seiner heimlichen Einreise hatte Guevara gehofft, die vornehmlich im Ausland befindlichen Rebellenführer vor vollendete Tatsachen zu stellen. Als er ihnen schließlich seine wahre Identität preisgab, waren sie aus außenpolitischen wie persönlichen Gründen sorgsam darauf bedacht, ihn möglichst von der Front fern zu halten.

Als Ausländer, die weder als Söldner noch als Besserwisser auftreten wollten und sich daher den einheimischen Kommandeuren unterstellten, wurden Guevara und seine Kubaner zum Spielball der unterschiedlichen Interessen der einzelnen Fraktionen. Mal waren sie wochenlang zur Passivität verurteilt, dann wieder wurden sie aufgeteilt und zwischen verschiedenen Truppenteilen verschoben. Die anfängliche Be-

Leben

geisterung der Kubaner wich bald der Ernüchterung, als sie bemerkten, wie wenig der kongolesische Rebellenkampf mit ihren Erfahrungen der Sierra Maestra zu tun hatte oder mit dem, was Guevara als Prinzipien des Guerillakrieges in seinem Handbuch aufgestellt hatte. Vor allem fehlte es an der von ihm immer wieder beschworenen revolutionären Disziplin und heroischen Opferbereitschaft. Nach den ersten Kampfeinsätzen häuften sich die Klagen, dass die Kongolesen bei den ersten Schusswechseln Hals über Kopf fliehen und die Kubaner an der Front allein zurücklassen würden. Enttäuscht und zunehmend verbittert baten immer mehr von Guevaras Genossen, in ihre Heimat zurückkehren zu dürfen. Auch Guevara, der sich nach Aussagen seiner ehemaligen Mitstreiter trotz großen Ingrimms schützend vor die Kongolesen stellte, ließ in einem Brief an Fidel Castro seinem Unmut freien Lauf: »Wir können ohnehin nicht ganz alleine ein Land befreien, das nicht kämpfen will. Man müsste den Kampfgeist entwickeln und die Soldaten mit der Laterne des Diogenes und der Geduld des Hiob suchen, eine Aufgabe, die umso schwieriger ist, je mehr Idioten wie wir bereit sind, den Kongolesen die Arbeit abzunehmen ...« (AT, S. 184)

> »Man muss wirklich kaltblütig sein, um die Dinge, die hier geschehen, ertragen zu können.« (Che Guevara in einem Brief vom 5. Oktober 1965 aus dem Kongo an Fidel Castro; AT, S. 184)

Die Wut und der Sarkasmus scheinen angesichts der mangelnden Kampfbereitschaft verständlich, aber sie beruhten auf einer völlig falschen Interpretation der Situation im Kongo. Víctor Dreke, mit Guevara eingereist, räumte später ein: »Wir Kubaner haben das Gleichgewicht des bewaffneten Friedens zerbrochen, in dem sich die Kongolesen eingerichtet hatten. Sie waren zwar bewaffnet, doch sie blieben zu Hause bei Frau und Kind. Sie kämpften nicht.« (zit. n. Taibo u.a. 1996, S. 118) Zu einem Verschmelzen der Guerilla mit der Bauernschaft – nach Guevaras Guerillatheorie unerlässliche Voraussetzung für einen erfolgreichen Kampf – ist es im Kongo nicht gekommen. In seinem *Afrikanischen Traum* hat Guevara in aller Offenheit und gelegentlich mit beißender Ironie die Geschichte des Scheiterns der kongolesischen Revolution geschildert.

Vgl. »Der afrikanische Traum«, S. 93 ff.

Aufgrund eines Regierungswechsels im Kongo drängten die bisherigen Unterstützerstaaten der Rebellen schließlich auf den Abzug sämtlicher ausländischer Kombattanten aus dem Kongo. Obwohl Castro seine Bereitschaft signalisierte, auch weiterhin materielle und personelle Verstärkung zu schicken, wenn Guevara dies für nötig erachte, beschwor er diesen, weder sich noch seine Mitstreiter sinnlos zu opfern. Bis zuletzt gegen Resignation und Gewissensbisse ankämpfend, kapitulierte Che Guevara aber angesichts immer schneller aufeinander folgender Niederlagen und zog sich am 21. November 1965 fluchtartig aus dem Kongo zurück.

In den nächsten zwei Monaten hielt er sich in der kubanischen Botschaft in Tansania versteckt, wo ihn seine Frau Aleida noch einmal besuchte und er seinen Erfahrungsbericht zu Papier brachte. Dann reiste er nach Prag weiter. Nachdem er sich von den körperlichen Strapazen in Afrika erholt hatte, schmiedete er neue Guerillapläne. Nach Kuba konnte er nicht ohne Gesichtsverlust zurückkehren, nachdem Fidel Castro Guevaras Abschiedsbrief öffentlich verlesen hatte. Sein neues Ziel hieß Argentinien. Castro war entschieden dagegen, und da Guevara völlig vom kubanischen Geheimdienst abhängig war, willigte er schließlich in die Alternative ein, die ihm Castro vorschlug: Nach einem geheimen Zwischenstopp in Kuba könne er einen Guerillafokus in Bolivien aufbauen. Im Juli 1966 kehrte er inkognito in seine zweite Heimat zurück, wo er abgeschirmt von der Öffentlichkeit unverzüglich mit der Auswahl und Ausbildung einer Kerntruppe begann, um ein ähnliches Debakel wie im Kongo auszuschließen.

In Bolivien Doch das bolivianische Guerillaunternehmen stand von vornherein unter einem schlechten Stern. Im letzten Moment wurde das Operationsgebiet verlegt. Statt in den Nordwesten ging es in den Südosten, in eine unwegsame, dünn besiedelte Bergregion, in der es wenig Nahrung und Wasser gab. Hinzu kamen im Vorfeld Streitigkeiten mit möglichen Unterstützungsgruppen vor Ort, vor allem mit der Kommunistischen Partei Boliviens unter dem Vorsitz von Mario Monje, die dazu führten, dass Guevara bei seiner Ankunft in Bolivien keine für den Kampf ausgebildeten Kader antraf und in aller Eile nicht sonderlich zuverlässiges Personal rekrutieren musste. Auch die logistische Unterstützung durch ein städtisches Untergrundnetz war nur dürftig organisiert. Und schließlich ließ die materielle Ausrüstung zu wünschen übrig: Es waren weniger Waffen vorhanden als erwartet, und vor allem die Funkausrüstung war für sein Unternehmen gänzlich ungeeignet.

All diese Widrigkeiten, von denen Guevara zum Teil erst nach seiner Ankunft am 7. November 1966 im Basislager von Ñancahuazú erfuhr, konnten ihn nicht schrecken. Aus seinem *Bolivianischen Tagebuch*, in das er bis zum Tag seiner Gefangennahme akribisch alle Aktivitäten der Guerilla notierte, ist ersichtlich, mit welchem Eifer er sich sofort an die organisatorische Vorbereitung und personelle Konsolidierung seiner Truppe machte. Am 31. Januar war es dann so weit: »Jetzt beginnt die eigentliche

Guerilla-Etappe, jetzt werden wir die Truppe erproben; die Zeit wird dann sagen, was sie leisten kann und welches die Perspektiven der bolivianischen Revolution sind.« (AW 5, S. 81) Am nächsten Morgen brach Guevara mit knapp 50 Guerilleros – davon ein Drittel Kubaner – zu einem Erkundungs- und Trainingsmarsch auf. Aus den geplanten drei wurden sieben Wochen, weil sich die Truppe in dem unzugänglichen Gelände fast stets den Weg mit Macheten bahnen musste und sich immer wieder aufgrund unzulänglicher Landkarten und Ortskenntnisse verlief. Wie schon in Kuba mutete Guevara seinen Genossen Anstrengungen zu, die bis an die Grenze der körperlichen Belastbarkeit gingen. Die anfänglich gute Stimmung verschlechterte sich zusehends. Als sie am 20. März endlich erschöpft und einigermaßen demoralisiert zurückkehrten, musste Guevara feststellen, dass durch Unvorsichtigkeiten der Zurückgebliebenen ihre Anwesenheit den bolivianischen Behörden bekannt geworden war. Drei Tage später kam es zur ersten militärischen Auseinandersetzung, zu früh, wie auch Guevara in seinem Tagebuch gestand. Obwohl das

Selbstporträt eines Fremden: Che nach seiner Ankunft in La Paz, November 1966

Vgl. »Bolivianisches Tagebuch«, S. 96 ff.

erste Gefecht äußerst erfolgreich für die Guerilla verlief, war sie nun zum eiligen Verlassen des bekannten Terrains gezwungen.

Was in den nächsten Wochen und Monaten folgte, erinnert in vielem an die allererste Phase der kubanischen Guerilla: zielloses Umherstreifen in einer unbekannten Gegend, geplagt von Hunger, Durst und Krankheiten und stets in der Furcht, von den einheimischen Bauern verraten zu werden. Aber anders als zehn Jahre zuvor gelang es diesmal nicht, diese »Nomadenphase« zu überwinden. Das lag im Wesentlichen an einer doppelten Isolation der Guerilla. Nach dem überstürzten Aufbruch war jeglicher Kontakt zur Außenwelt abgebrochen. Die Deutsch-Argentinierin Tamara Bunke Bider (»Tania«), die über Jahre ein Kommunikationsnetz in Bolivien geknüpft hatte, wurde enttarnt und schloss sich der Truppe an. Zwei weitere wichtige Verbindungsleute, der Argentinier Ciro Bustos und der Franzose Régis Debray, wurden wenig später verhaftet. Aufgrund der unzulänglichen Technik war auch kein Funkkontakt mit La Paz oder Havanna mehr möglich. Noch schlimmer war, dass die Guerilleros auch in der Region isoliert blieben. Die Bauern zeigten sich reserviert oder gar feindselig. Während der ganzen Monate schloss sich der Guerilla kein einziger Einheimischer an oder stellte sich dauerhaft in ihren Dienst. In seinen Überlegungen zum Guerillakrieg hatte Guevara geschrieben: »Diese Art von Krieg ohne die Unterstützung der Bevölkerung verwirklichen zu wollen, ist der Auftakt zu einer unvermeidlichen Katastrophe.« (AW I, S. 25) Er sollte Recht behalten.

In dieser ohnehin schwierigen Lage machte Guevara auch noch taktische Fehler. Am 20. April teilte er die Truppe, die bis zum Ende des Krieges nicht wieder zusammenfand. So hatte er nur noch zwei Dutzend Mann zur Verfügung. Und anders als Fidel Castro in der Sierra Maestra konnte Guevara sich nicht entschließen, militärische Ziele anzugreifen, sondern agierte stets defensiv und beschränkte sich, wenn auch mit viel Geschick und einigem Erfolg, auf Überfälle aus dem Hinterhalt. Das mochte – gelegentlich recht übersteigerte – Hoffnungen wecken und vergessen machen, dass man im

Prinzip über die pure Selbstbehauptung hinaus keinen Schritt vorankam und sich buchstäblich im Kreis bewegte. Wann immer die physischen und psychischen Kräfte seiner Kameraden nachließen, appellierte er an ihre revolutionäre Moral. Grundsätzliche Zweifel am Sinn des Unternehmens ließ er nicht zu.

> »Diese Art des Kampfes gibt uns die Möglichkeit, Revolutionäre zu werden, die höchste Stufe der menschlichen Gattung, aber sie ermöglicht es uns auch, als Menschen zu bestehen.« (Che Guevara, *Bolivianisches Tagebuch*, 8. August 1967; AW 5, S. 207)

Dass sich die Guerilla so lange halten konnte, lag nicht zuletzt an der anfänglich wenig ausgeprägten Bereitschaft der Regierungstruppen, die Guerilleros mit aller Konsequenz zu verfolgen. Das änderte sich erst, als die USA zur Unterstützung zwei Dutzend Spezialisten für die Ausbildung von 600 bolivianischen Anti-Guerilla-Kämpfern ins Land schickte – und kein Zweifel mehr daran bestand, wer die Guerilla in Bolivien anführte. Von diesem Zeitpunkt an »wurde der bolivianische Feldzug gegen die Aufständischen zu einer Menschenjagd. Alle einheimischen Ressourcen wurden für ein einziges Ziel eingesetzt: Che Guevara tot oder lebendig zu ergreifen.« (Castañeda 1998, S. 462)

Jagd auf Che Guevara

Nun ging alles sehr schnell: Der Kreis um die zunehmend erschöpften Guerilleros wurde immer enger gezogen. Nach einem Hinterhalt der Armee in La Higuera am 26. September 1967, bei dem drei Rebellen getötet wurden und zwei weitere desertierten, wurden die übrigen in eine Schlucht abgedrängt. Zwar konnten sie sich dort noch elf Tage verstecken, doch ein Ausbruch aus dem Belagerungsring gelang nur sechs von ihnen. Guevara war nicht darunter. Er wurde in einem Gefecht am 8. Oktober verwundet, gefangen genommen und am nächsten Tag auf Befehl des bolivianischen Präsidenten Barrientos erschossen.

Tod und Auferstehung (1967)

Was sich in der kurzen Zeit zwischen der Gefangennahme Che Guevaras und seiner Erschießung genau abgespielt hat, ist auch nach fast 40 Jahren und trotz der umfangreichen Recherchen der großen Guevara-Biographen Jon Lee Anderson, Jorge Castañeda und Paco Ignacio Taibo II nicht restlos zu klären. Persönliche, politische und mediale Interessen haben dazu geführt, dass über die letzten Stunden und Worte des berühmten Comandante Che Guevara die unterschiedlichsten Versionen im Umlauf sind, die überdies in den vergangenen Jahrzehnten immer wieder ergänzt und verändert wurden.

Die letzten Stunden Sicher ist, dass Guevara am frühen Nachmittag des 8. Oktober am oberen Rand der Yuro-Schlucht in Begleitung eines Gefährten festgenommen wurde. Guevara hatte schwere Beinverletzungen und konnte nicht mehr allein gehen. Nachdem er seinen Namen genannt hatte, wurde über Funk das Hauptquartier der bolivianischen Rangers in Vallegrande informiert. Kurz darauf traf Oberstleutnant Andrés Selich mit dem Hubschrauber ein, bestätigte die Identität und ließ Guevara mit zwei weiteren gefangenen Guerilleros in das nahe gelegene Dorf La Higuera schaffen. Dann fragte er in Vallegrande an, was er nun machen solle. Dort wollte man über das Schicksal des berühmten Gefangenen nicht entscheiden und leitete die Anfrage an das Oberkommando der Armee in La Paz weiter, das seinerseits den Präsidenten informierte. Inzwischen war Guevara gefesselt in das Schulhaus gesperrt worden, wo er notdürftig medizinisch versorgt wurde. Er schwieg zwar nicht, gab aber auch keine Einzelheiten über

> »Ich bin überzeugt, daß der bewaffnete Kampf die einzige Lösung für die Völker ist, die für ihre Befreiung kämpfen, und ich bin konsequent in meinen Auffassungen. Viele nennen mich einen Abenteurer, und ich bin einer, nur bin ich einer von der besonderen Art, einer derjenigen, die ihr Leben dafür lassen, um zu beweisen, daß sie recht haben.« (Che Guevara im Abschiedsbrief an seine Eltern im April 1965; AW 5, S. 35)

seine Guerilla preis, so dass die Versuche, ihn weiterhin zu verhören, bald aufgegeben wurden. Im Laufe des Abends kamen immer wieder bolivianische Offiziere und Soldaten in die Schule, um den Mann aus der Nähe zu sehen, der schon längst zur Legende geworden war. Auch die Dorfschullehrerin konnte ihn besuchen, um ihm etwas zu essen zu bringen. Ansonsten hielt sich die örtliche Bevölkerung auf Distanz.

In den frühen Morgenstunden des folgenden Tages landete der Kommandeur der Ranger-Einheit, Joaquín Zenteno, in La Higuera. Aus dem Hubschrau-ber stieg auch der CIA-Agent Félix Rodríguez, ein Exilkubaner, der schon an der gescheiterten Invasion in der Schweinebucht teilgenommen hatte. Nachdem er sich von der Identität Che Guevaras überzeugt hatte, setzte er einen verschlüsselten Funkspruch an einen unbekannten Ort ab. Danach begann er, mit einer Spezialkamera die Dokumente abzulichten, die man bei Che Guevara gefunden hatte, darunter die beiden Notizkalender, in denen Guevara minutiös Tagebuch geführt hatte. Auch Rodríguez

Als Gefangener mit CIA-Agent Félix Rodríguez, 9. Oktober 1967

versuchte, ihn zu verhören, als ihm dies nicht gelang, ließ er sich wenigstens mit ihm fotografieren.

Um die Mittagsstunde kam aus La Paz der Befehl, Che Guevara zu exekutieren, eine Entscheidung, mit der die anwesenden Offiziere sowie der CIA-Mann nach eigenen Aussagen nicht einverstanden gewesen sein wollen. Dennoch wurde ein Freiwilliger gesucht. Es meldete sich der Unteroffizier Mario Terán, der den Tod dreier Kampfgefährten rächen wollte. Um 13.10 Uhr am 9. Oktober 1967 betrat er das Schulhaus und erschoss Che Guevara.

Sein Leichnam wurde gesäubert, an die Kufen eines Helikop-   Leichenschau
ters geschnallt und nach Vallegrande gebracht. Dort bahrte man ihn im Waschhaus auf, wo er am nächsten Morgen stolz der zahlreich versammelten Presse präsentiert wurde. Die offizielle Version lautete zunächst, Guevara sei im Kampf gefallen

Die ausgestellte Leiche in Vallegrande, 10. Oktober 1967

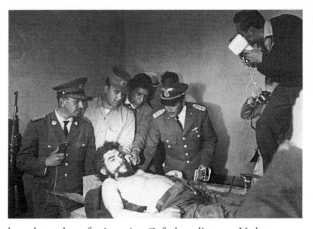

bzw. kurz darauf seinen im Gefecht erlittenen Verletzungen erlegen. Wohlwissend, dass das Grab des berühmten Revolutionärs zu einer Wallfahrtsstätte werden würde, beschlossen die bolivianischen Behörden, seinen Leichnam schleunigst verschwinden zu lassen. Um dennoch die Identität Guevaras zweifelsfrei beweisen zu können, überlegte man kurz, seinen Kopf abzutrennen und nach La Paz zu schaffen. Da man aber vor der Weltöffentlichkeit nicht als Barbaren dastehen wollte, ließ man den Vorschlag fallen, nahm Fingerabdrücke des Toten und schnitt seine Hände ab, die in Formaldehydlösung konserviert wurden. In der Nacht wurde die Leiche heimlich beseitigt und angeblich eingeäschert. Als Roberto Guevara am nächsten Tag in Vallegrande eintraf, um seinen Bruder zu identifizieren, waren dessen Überreste bereits an einem unbekannten Ort vergraben worden.

Erst 28 Jahre später brach einer der Beteiligten sein Schweigen. Im November 1995 erklärte der ehemalige Hauptmann Mario Vargas Salinas in einem Gespräch mit Jon Lee Anderson, man habe den Leichnam Guevaras nicht verbrannt, sondern am Rande des Flugfelds von Vallegrande begraben. Kurz darauf machte sich ein Team von argentinischen und kubanischen Spezialisten auf den Weg nach Bolivien. Im Juli 1997 wurden sie schließlich fündig und überführten die sterblichen Überreste Che Guevaras nach Kuba. Drei Monate später wur-

Leben

> »Wo immer uns der Tod antrifft, er sei willkommen, wenn nur unser Kriegsruf ein aufnahmebereites Ohr getroffen hat und eine andere Hand sich ausstreckt, um unsere Waffen zu ergreifen, und andere Menschen sich daranmachen, die Trauermusik zu intonieren mit Maschinengewehrgeknatter und neuen Kriegs- und Siegesrufen.« (Che Guevara, *Botschaft an die Völker der Welt*; AW 4, S. 231)

den seine Gebeine mit einer pompösen Zeremonie in dem eigens dafür errichteten Mausoleum in Santa Clara, der Stadt von Guevaras größtem militärischen Sieg, endgültig beigesetzt.

Die quasi-offizielle Bestätigung des Todes von Che Guevara kam aus Havanna. Dort hatte sich Fidel Castro zusammen mit Ches Ehefrau Aleida einige Fotokopien des *Bolivianischen Tagebuchs* angesehen und die Schrift und den Stil Guevaras wiedererkannt. Am 15. Oktober 1967 verkündete Castro in einer Fernsehansprache den Tod seines Mitkämpfers. Drei Tage Vgl. S. 104 f. später hielt er vor Hunderttausenden in Havanna die Trauerrede. Er beklagte den Verlust, äußerte aber zugleich die Hoffnung, »daß Ches Tod langfristig wie eine Saat sein wird, aus der viele Menschen hervorgehen werden, die ihn nachahmen und entschlossen seinem Beispiel folgen werden«. Schließlich habe er sein Blut in Bolivien »für die Erlösung der Ausgebeuteten und Unterdrückten, für die Armen und einfachen Menschen« vergossen (zit. n. AW 1, S. 20 ff.).

Die implizite Anspielung auf die Christus-Figur in Castros Rede überrascht nicht, auch Guevara selbst hatte bei allem Marxismus gelegentlich zu religiöser Wortwahl geneigt, um den revolutionären Kampf ideell zu überhöhen. Doch der Vergleich mit Jesus Christus wurde auch von gänzlich unerwarteter Seite genährt – von den bolivianischen Militärs.

Als er gefangen genommen wurde, befand sich Che Guevara in einem verwahrlosten Zustand: zerlumpt, verdreckt, abgemagert, die langen Haare verfilzt. Die erst Jahrzehnte später veröffentlichte Fotografie, die ihn neben Rodríguez zeigt, gibt einen beredten Eindruck davon. Als die Armeeführung be-

schloss, ihre Beute den eilig nach Vallegrande geflogenen
Journalisten zu präsentieren, befürchtete sie zu Recht, dass
nicht wenige daran zweifeln würden, wirklich die Leiche Che
Guevaras vor sich zu haben. Also entschied man sich dafür,
den Toten sorgfältig zu waschen, Bart und Haare zu stutzen,
kurz: ihn so herzurichten, wie alle Welt ihn von unzäh-
ligen Porträts kannte. Der da nun vorgeführt wurde, hatte
nichts mehr von einem gehetzten, deprimierten, besiegten
Menschen. Vielmehr schien er die Anwesenden mit seinen toten Augen überlegen anzublicken: »gelassen, heroisch und
stoisch, schön und ruhig« (Castañeda 1998, S. 486). Das war
das Foto, das in den nächsten Tagen um den Globus gehen
sollte.

Und bereits auf der Pressekonferenz am 10. Oktober 1967
machte das Wort die Runde, dass der tote Che, so wie er da im
Waschhaus zwischen zwei toten Gefährten aufgebahrt lag,
aussehe wie Christus nach der Kreuzesabnahme. Der Korre-
spondent der französischen Zeitung *Paris Match*, Jean Larteguy, berichtete, wie ein Bauer vortrat, sich bekreuzigte und
mit Blick auf die drei Leichen sagte: »Gott verzeih mir, man
könnte glauben, es sei Christus zwischen den beiden Schä-
Vgl. S. 136 ff. chern.« (Larteguy 1969, S. 320) Diese Christus-Analogie ist
bis heute Teil des »Mythos Che« geblieben, und ein Foto von
ihm hängt in vielen Behausungen der Armen in Lateinamerika zwischen anderen Heiligenbildchen.

Fidel Castro hatte sich auf der Gedenkfeier am 18. Oktober
1967 in Havanna gewünscht, das Beispiel Ches möge möglichst viele Nachahmer finden. Guevaras Tochter Hilda äußerte 30 Jahre später in einem Fernsehinterview nicht ohne
Stolz: »Ich weiß, dass besonders in der Region, in der Che und
seine Guerilla gekämpft haben, viele Menschen ihn heute wie
einen Gott verehren […] und hoffen, dass er eines Tages wie-
dergeboren wird. […] Sie warten auf seine Wiederkehr, damit
er wieder ist, was er war, und damit er Rache nimmt an denen, die ihn umgebracht haben.«

Werk

Von einem Werk Ernesto Che Guevaras kann man in einem strengen Sinne kaum sprechen, dazu ist es zu disparat. Zu seinen Lebzeiten wurden lediglich zwei Monographien veröffentlicht, das Handbuch *Der Guerillakrieg* sowie das *Cubanische Tagebuch*. Die Tagebücher und Aufzeichnungen von seinen frühen Reisen und seinen Guerillaaktivitäten sind erst posthum erschienen, darunter das berühmte *Bolivianische Tagebuch*. Außerdem gibt es zahlreiche Artikel, Vorträge und Interviews von Guevara, die im Wesentlichen um drei Themen kreisen: Internationalismus, der neue Mensch und Wirtschaftspolitik. Unter diesen Stichworten – sie orientieren sich an der Einteilung, die der Herausgeber der deutschen Che-Guevara-Ausgabe, Horst-Eckart Gross, vorgeschlagen hat – werden hier jeweils zwei oder drei exemplarische Texte Guevaras vorgestellt.

Guevaras gelegentliche Versuche, seine Liebe zur Lyrik in eigene Gedichte umzusetzen, bleiben dagegen unberücksichtigt. Das gilt auch für die zahlreichen Fotografien, die er seit seiner Jugend auf Reisen oder im Alltag machte; sie haben allenfalls dokumentarischen Charakter. Eine Auswahl dieser erst 1995 wiederaufgefundenen Fotos findet sich in dem 2002 vom Centro de Estudios Che Guevara in Havanna herausgegebenen Katalog *Che fotógrafo*.

Die Anordnung der Werkübersicht erfolgte chronologisch, wobei das Datum der Abfassung, nicht das der Veröffentlichung, ausschlaggebend war. In die ausgewählten Literaturverweise am Schluss der jeweiligen Darstellung wurden nur solche Titel aufgenommen, die sich unmittelbar auf das Werk oder Thema beziehen; die zum Teil sehr umfangreichen Biographien sind dort nicht aufgeführt.

Latinoamericana. Tagebuch einer Motorradreise 1951/52

Am 29. Dezember 1951 brach Ernesto Guevara in Córdoba mit seinem Freund Alberto Granado zu einer knapp achtmonatigen Fahrt durch Südamerika auf. *Latinoamericana* enthält die Reisenotizen Guevaras, die er nach seiner Rückkehr über-

Vgl. S. 22 ff.

arbeitete und neu ordnete, sowie einige Briefe, die er von un-
terwegs an die Familie schrieb. Trotz der Bearbeitung blieb
der Tagebuchstil erhalten. *Latinoamericana* – zuerst 1992 in
Kuba unter dem Titel *Notas de viaje* veröffentlicht – war für
viele Jahre das einzige umfangreichere Dokument Guevaras
aus seiner »vorrevolutionären« Zeit, das einer nichtwissen-
schaftlichen Öffentlichkeit zugänglich war. Diese Reiseноti-
zen geben einen Einblick in das Leben eines jungen Mannes,
der neue, fremde Welten kennen lernen will. Wenn der Vater
nachträglich von den Reisen »eines Sozialforschers« spricht,
der mit der »mystischen Gewißheit seiner Bestimmung« zu
neuen Horizonten aufgebrochen sei (Vorwort zu LA, S. 14 ff.),
dann gehört das in die Rubrik Hagiographie. Im Reisebericht
Guevaras findet sich jedenfalls nichts davon. Er selbst versteht
ihn nüchtern als »ein Stück aus zwei Leben, eine Moment-
aufnahme von einer bestimmten gemeinsamen Wegstrecke
gleicher Hoffnungen und verwandter Träume« (S. 19).

> »Guevaras Text ist weder journalistischer Bericht noch Darle-
> gung politischer Überlegungen, sondern vor allem ein Reiseta-
> gebuch.« (Jorge Castañeda, *Che Guevara*, S. 64)

Filmtipp:
»The Motorcycle
Diaries« von
Walter Salles
Drei Themenbereiche durchziehen die gesamten Notizen: die
Lust am Abenteuer, die Begegnung mit armen und ausgebeuteten Menschen sowie die Entdeckung der Inkakultur. Den
meisten Raum nehmen die Schilderungen des abenteuerlichen Reisens selbst ein. Schwärmerisch schildert Guevara
die Naturschönheiten, die erlebte Gastfreundschaft und das
unstete Leben, das während der ganzen Reise »nie den Charakter des ›Durchschlauchens‹« verlor (S. 112). Obwohl sie es
bei der Schnorrerei zu einer gewissen Meisterschaft brachten,
bekamen sie manchmal tagelang nichts zu essen. Aber die Un-
bequemlichkeiten und Widrigkeiten – seltsamerweise finden
sich in Guevaras Tagebuch kaum Hinweise auf Asthma-
Attacken, die nach Granado sehr häufig auftraten – konnten
ihnen die Freude an diesem abenteuerlichen Reisen nicht ver-
derben. Als sie einmal wieder ein wenig Geld in der Tasche
hatten, vermerkte Guevara stolz in einem Brief an seine Mut-

ter: »Ein Tramp von unserem Kaliber stirbt eher, als daß er für den bürgerlichen Komfort einer Pension bezahlt.« (S. 169) Und selbstverständlich teilten sie das Überlegenheitsgefühl aller Rucksackreisenden gegenüber normalen Touristen, die von Land und Leuten immer nur eine vage Vorstellung hätten.

Aufgrund ihrer Art des Reisens kamen sie meist mit Menschen aus den unteren Bevölkerungsschichten zusammen. Die Begegnungen mit den Armen und Elenden vertieften ihre schon vorher ausgeprägte Verachtung der Großgrundbesitzer und Oligarchen wie ihre Abneigung gegenüber dem »Yankee-Imperialismus«. Die eindringlichsten Spuren dieser Art hinterließen im Tagebuch der Besuch der Kupfermine von Chuquicamata im Norden Chiles und das dortige Gespräch mit einem älteren Arbeiterehepaar. Doch selbst solche Erfahrungen zeitigten in politischer Hinsicht keinerlei unmittelbare Auswirkungen. Als sich wenige Tage später die Möglichkeit ergab, zwei große Minen aufzusuchen, die zu diesem Zeitpunkt gerade bestreikt wurden, nahmen sie sie nicht wahr. Lapidar bemerkte Guevara: Sie »lagen südlich von unserer Strecke« (S. 78).

Seine Empörung über die soziale Ungerechtigkeit ist moralischer, nicht politischer Art. Wenn gelegentlich die Worte Emanzipation oder Revolution fallen, dann im Zusammenhang mit Träumen oder einer fernen Zukunft. Das Proletariat ist für Guevara eine »mir so fremde Spezies von Menschen« (S. 71). Das gilt noch mehr für die Indios. Obwohl er nicht müde wird, ihr Schicksal zu beklagen, findet er keinen Zugang zu ihnen. Bezeichnenderweise bleiben seine Gesprächspartner namenlos, es sind Arbeiter, Bauern, Handwerker, Kommunisten, Indios, Studenten. Namentlich erwähnt werden nur Verwandte, Bekannte, Ärzte.

Den stärksten Eindruck haben bei Guevara augenscheinlich die Zeugnisse der Inkakultur, vor allem in Machu Picchu, hinterlassen. Über Seiten schildert er seine Wahrnehmungen, beschreibt ausführlich insbesondere die Festungs- und Verteidigungsanlagen, schwärmt von der Kultur und dem Stolz des Inkavolkes. Wenn die beiden keine Exkursionen im Gelände

Begegnung mit der Inkakultur

Mit Alberto Granado als Flussschiffer auf dem Amazonas, Juni 1952.
Das Floß »Mambo-Tango« hatten ihnen die Lepra-Patienten von San
Pablo aus Dankbarkeit gebaut.

unternahmen, vertiefte sich Guevara stundenlang in der ört-
lichen Bibliothek in die Geschichte der Inkas. Die Eindring-
lichkeit seiner archäologischen Schilderungen ist häufig hervorgehoben worden. Aber es ist mehr als ein archäologisches
Interesse, das sich darin ausdrückt. Der Kontrast mit der
Wirklichkeit der peruanischen Indios, denen Guevara ein
»duldsames, fatalistisches Wesen« (S. 120) attestiert, lässt seine
Faszination gegenüber den Inkas in einem anderen Licht erscheinen. Die Begegnung mit der Inkakultur hat vor seinen
Augen ein anderes Amerika entstehen lassen, ein selbstbe-
stimmtes, freies, stolzes Amerika. Der Aufenthalt in Machu
Picchu ist vielleicht die Geburtsstunde seines später so vehement vertretenen Panamerikanismus, noch sehr abstrakt, ide-
alisiert und romantisiert. In einem Brief vom 6. Juli 1952 aus
Bogotá berichtet er seiner Mutter von seinem 24. Geburtstag,
den er in der Lepra-Station San Pablo im Amazonasgebiet
gefeiert hat. Er habe sich bei den Anwesenden »mit einer sehr
panamerikanischen Rede« bedankt – »beflügelt vom Schnaps«
(S. 165). Eine dezidiert politische Ausrichtung – etwa zum

Werk

Kommunismus – hat Guevara bei seiner Rückkehr nach Argentinien im Herbst 1952 nicht mitgebracht, nur einen diffusen Antiimperialismus und Panamerikanismus. Vor allem aber die Lust auf erneute Reisen.

Deutsche Ausgabe: *Latinoamericana. Tagebuch einer Motorradreise 1951/52*, Köln 1994.

Ergänzende bzw. weiterführende Literatur: das Tagebuch seines Reisegefährten Alberto Granado, *Mit Che durch Südamerika. Reisebericht* (Köln 1988), sowie *Auf Che Guevaras Spuren. Lateinamerikanische Reisenotizen* (Wien 2003) von Karin Ceballos Betancur, die ein halbes Jahrhundert später noch einmal Guevaras Reiseroute abfuhr, Zeitzeugen interviewte und ihre Eindrücke in sozialkritischen Reportagen festhielt.

Das magische Gefühl, unverwundbar zu sein.
Das Tagebuch der Lateinamerika-Reise 1953-1956

Im Juli 1953 begab sich Ernesto Guevara mit seinem Jugendfreund Carlos »Calica« Ferrer auf eine weitere Fahrt durch Lateinamerika, die ihn schließlich nach Guatemala und Mexiko führte, wo er mit Exilkubanern unter der Führung von Fidel Castro zusammentraf, die den Sturz des kubanischen Diktators Batista planten. Im Frühjahr 1956 schloss sich Guevara dieser Gruppe an. Vgl. S. 24 ff.

Hier enden die Tagebuchaufzeichnungen, die, zusammen mit Briefen an die Familie sowie einem Essay über »Das Dilemma in Guatemala«, erst vor wenigen Jahren aus dem Nachlass Guevaras unter dem Titel *Otra vez (Noch einmal)* veröffentlicht wurden. Der Titel der deutschen Ausgabe – *Das magische Gefühl, unverwundbar zu sein* – ist so reißerisch wie irreführend, da er suggeriert, Guevara habe in diesen Jahren aktiv an Kampfhandlungen teilgenommen, was nicht der Fall ist. Ganz gegen seine Gewohnheit hat Guevara diese Notizen später nicht noch einmal redigiert. So ist manches erhalten geblieben, was sonst wohl einer nachträglichen Überarbeitung zum Opfer gefallen wäre – etwa die sehr zahlreichen Schilderungen seiner Asthmaanfälle.

Tagebuch und Briefe dokumentieren zum einen die wach-

Politisierung sende Politisierung und Radikalisierung Guevaras sowie den stärker werdenden Wunsch, an einer Revolution teilzunehmen. Schon die Notizen von der ersten Station, La Paz, verraten eine Veränderung gegenüber der früheren Reise. Anders als in *Latinoamericana* kommentiert Guevara ausführlicher die politische Situation in Bolivien. Landschaftsbeschreibungen und die Schilderung des Vagabundenlebens treten mit zunehmender Reisedauer in den Hintergrund, selbst als er mit Calica erneut Cuzco und Machu Picchu besucht. Bezeichnend auch: Die Personen, mit denen er diskutiert, sind nicht mehr einfach nur Studenten, Bauern oder Arbeiter, sondern werden jetzt namentlich genannt, meist mit einer kurzen Einschätzung ihrer politischen Ansichten.

Als Kriterium für die Beurteilung seiner Gesprächspartner taucht immer häufiger ihre Einstellung gegenüber den Kommunisten auf. Wie aus anderen Quellen ersichtlich wird, ist Guevara während dieser Jahre zum Kommunisten geworden. Dabei findet sich an keiner Stelle des Tagebuchs oder der Briefe ein offenes Bekenntnis zum Kommunismus. Nur in einem Brief an seine Mutter Ende 1954 heißt es orakelnd: »In welchem Moment ich das Denken aufgab, um zu so etwas wie Glauben zu gelangen, kann ich dir nicht sagen, auch nicht annähernd, denn der Weg war ziemlich weit, und es gab viele Rückschläge« (S. 148).

Aufgrund der Erfahrungen in Guatemala – der US-amerikanische Widerstand gegen die Bodenreformen, der von der CIA gesteuerte Putsch gegen die Regierung Arbenz und der nachfolgende zweimonatige Aufenthalt in der argentinischen Botschaft – kommt ein zweites Kriterium hinzu, nach dem er die Personen in seinem Umfeld beurteilt: die Kampf- und Opferbereitschaft. Typisch hierfür wie für die Radikalisierung seiner politischen Ansichten ist eine Passage aus seinem in dieser Zeit entstandenen, jedoch nicht veröffentlichten Essay über »Das Dilemma in Guatemala«. Dort heißt es: »Es ist an der Zeit, den Knüppel sprechen zu lassen, und wenn gestorben werden muss, dann wollen wir wie Sandino sterben und nicht wie Azaña. […] Wir dürfen keine Milde walten lassen, keinen Verrat dulden. Es kann nicht sein, dass das Blut eines

Mit Fidel Castro
im Gefängnis
in Mexiko, April
1956

Verräters geschont und dadurch das von Tausenden tapferer
Verteidiger des Volkes vergossen wird.« (S. 155)
Tagebücher und Briefe belegen aber auch vielfach die Mühsal
der Alltagsbewältigung: wie er sich in Guatemala und Mexiko
vergeblich bemühte, eine Arbeit zu finden, wie er ein ums andere Mal mit seinem Schicksal haderte und immer wieder die
Absicht bekundete, nach Europa oder China zu reisen. Noch
in seiner letzten Tagebucheintragung ist die Unentschlossen-
heit zu spüren: »Meine Zukunftspläne
sind vage, aber ich hoffe, einige For-
schungsarbeiten zu Ende führen zu können.« (S. 118) Seltsam für jemanden, der
sich seit einem halben Jahr im Dunst-
kreis Fidel Castros bewegte und sich wenige Tage später in ein Trainingslager der
kubanischen Guerilleros begab.

> »Che war ein Mensch, der auf Anhieb
> gefiel durch seine Bescheidenheit, sei-
> nen Charakter, seine Natürlichkeit, sei-
> ne Kameradschaft, seine Persönlich-
> keit, seine Originalität.« (Fidel Castro
> 1967 über seine erste Begegnung mit
> Guevara; zit. n. AW 1, S. 7 f.)

Seltsam auch die spärlichen Erwähnungen von Hilda Gadea,
die kurz nach seiner Ankunft erst Guevaras Gefährtin, dann
seine Geliebte und schließlich seine Ehefrau wurde. Kaum etwas erfährt man in den Tagebuchnotizen über sie. Charakteristisch ist die lakonische Mitteilung am Ende eines längeren
Briefes an seine Mutter: »Ich weiß nicht, ob ihr die Nachricht
von meiner Heirat und dem kommenden Statthalter bekommen habt. [...] Wenn nicht, dann teile ich dir hiermit die
Neuigkeit offiziell mit, damit du sie unter den Leuten verbrei-

ten kannst. Hilda Gadea und ich haben geheiratet, und in Kürze werden wir ein Kind bekommen. Die Zeitungen, die Beatriz mir geschickt hat, habe ich bekommen, sie sind sehr interessant ...« (S. 151)

Otra vez zeigt die Entwicklung eines jungen Abenteurers, der sich zunehmend politisch radikalisiert und doch bis zuletzt zögert, mit seinen Überzeugungen Ernst zu machen. Ohne die Bekanntschaft mit Fidel Castro hätte sein Lebensweg durchaus jenseits der Politik verlaufen können.

Deutsche Ausgabe: *Das magische Gefühl, unverwundbar zu sein. Das Tagebuch der Lateinamerika-Reise 1953-1956*, Köln 2003.
Ergänzende bzw. weiterführende Literatur: die Erinnerungen seines zeitweiligen Reisegefährten Ricardo Rojo, *Che Guevara, Leben und Tod eines Freundes* (Frankfurt/Main 1968); über die Geschehnisse seit Beginn der Guerillaausbildung in Mexiko, die im Tagebuch fehlen, gibt Paco Ignacio Taibo II detailliert Auskunft (»Der Sommer und der Herbst des Jahres 1956«, in: EH, S. 27-57).

Cubanisches Tagebuch
(Episoden aus dem Revolutionskrieg)

Der Titel der aktuellen deutschen Ausgabe – *Cubanisches Tagebuch* – ist missverständlich. Bei den *Pasajes de la guerra revolucionaria*, die 1963 erstmals in Havanna erschienen sind, handelt es sich nicht um ein Tagebuch, sondern um eine später vorgenommene Zusammenstellung von Texten, die zwischen 1959 und 1963 verfasst wurden. In ihnen schildert Che Guevara seine Erlebnisse in der kubanischen Guerilla Fidel Castros – von der Landung der »Granma« am 2. Dezember 1956 über die »Nomaden«- und Konsolidierungsphase des ersten Kriegsjahres, die inneren Streitigkeiten der revolutionären Bewegung, die Offensive der Regierungstruppen und den folgenden Vorstoß ins Landesinnere bis zur Entscheidungsschlacht um Santa Clara und der anschließenden Flucht des Diktators Batista am 1. Januar 1959.

Vgl. S. 30 ff.

Diese episodenhaften Aufzeichnungen, die auf Guevaras Kriegstagebuch (das bisher nur zu einem kleinen Teil auf Deutsch vorliegt) beruhen, versteht er als Auftakt zur »Veröf-

Werk

fentlichung einer Reihe persönlicher Erinnerungen über die Angriffe, Gefechte, Scharmützel und Schlachten, an denen wir teilgenommen haben« (S. 7). Neben der dokumentarischen Absicht dürfte eine andere, wichtigere gestanden haben: den Gründungsakt des neuen, revolutionären Kubas festzuhalten und zu rühmen. Dafür spricht die detaillierte Beschreibung der Beteiligten, die einschließt, was aus ihnen geworden ist: die einen Denunzianten und Verräter (während oder nach der Guerilla), die anderen Funktionsträger im neuen Kuba bzw. Märtyrer, die »heldenhaft fielen« und ihre »letzte Pflicht« erfüllten (S. 76).

Gründungsepos

Neben dem in allen Einzelheiten geschilderten Verlauf der Guerilla sind drei Themen von Bedeutung: Zum einen ermöglicht das *Cubanische Tagebuch* einen Einblick in die persönliche Entwicklung Che Guevaras vom unerfahrenen Mitstreiter, der im Wesentlichen für die medizinische Betreuung, aber auch für die tägliche Schulung in kulturellen und politischen Fragen zuständig war, zum Mitkämpfer und Comandante, dem im Juli 1957 die Führung einer Kolonne der Guerillaarmee anvertraut wurde. Für Guevaras Aufrichtigkeit spricht, dass bei ihm nicht nur von Erfolgen, Freude und Stolz die Rede ist, sondern auch von politischen Unzulänglichkeiten, militärischen Fehlern – »zahllos sind die Opfer, die mein Irrtum das kubanische Volk kostete« (S. 160) – und Eingeständnissen persönlicher Schwächen. Ebenfalls bemerkenswert ist, dass er die Bedeutung seiner Person und seiner militärischen und politischen Rolle in diesem Guerillakrieg kaum hervorhebt. So nimmt etwa der Bericht über Guevaras größte militärische Leistung – der sechswöchige Gewaltmarsch aus der Sierra Maestra nach Las Villas, der von kriegsentscheidender Bedeutung war – gerade einmal fünf von 300 Seiten ein.

Zum zweiten schildert das Buch ausführlich die Schwierigkeiten der Entwicklung und Konsolidierung einer Guerillatruppe. Das beginnt mit der Bewältigung alltäglicher Probleme wie Orientierung, Hunger, Durst, Krankheiten, physische und psychische Erschöpfung. Außerdem war es nicht einfach, neue Guerilleros zu rekrutieren und sie mit Waffen

zu versorgen. Immer wieder wurden Freiwillige als unzuver-
lässig abgewiesen, andere – und nicht wenige – setzten sich
nach einer Weile wieder ab. Die größte Herausforderung für
Castros Guerilla bestand jedoch darin, ein vertrauensvolles
Verhältnis zu den Bewohnern der Sierra Maestra aufzubauen,
schon aus Gründen des nackten Überlebens. Vor allem in den
ersten sechs Monaten kam es immer wieder zu Denunziation
und Verrat durch die Bauern, ob nun aus Angst oder Überzeugung. Erst mit der Sicherung eines »wirklich befreiten Ter-
ritoriums [waren] die Vorsichtsmaßnahmen nicht mehr so
notwendig [...], und es wurde die Genehmigung erteilt, daß
wir uns in den Siedlungen der Sierrabewohner frei bewegen und so engere Beziehungen zu ihnen herstellen könnten«
(S. 132).

>»Der von Castro, Guevara, Camilo Cienfuegos und Frank País
geführte Krieg gegen das Batista-Regime gilt weithin als ein nahezu exemplarisches Beispiel dafür, wie man die ›Herzen und
Seelen‹ der Bevölkerung gewinnen und sich ihrer vorbehaltlo-
sen Unterstützung vergewissern kann.« (Christopher Hitchens,
»Es war einmal«, S. 42)

Revolutionäre
Moral
Nicht zuletzt ziehen sich durch die Texte wie ein roter Faden
die Ausführungen zum militärischen Ehrenkodex und zur revolutionären Disziplin. Zu Ersterem gehörten unbedingte
Kameradschaft, Mut, Opferbereitschaft bis zum Tod; Verwundete – egal ob eigene oder feindliche – wurden versorgt,
Gefangene nicht misshandelt und die Zivilbevölkerung geschont. Während alle die gleiche Lebensmittelration erhielten, richtete sich die Verteilung der Waffen nach Tapferkeit
und Dauer der Zugehörigkeit zur Guerilla. Die Anforderungen der revolutionären Moral und Disziplin waren rigoros.
Auf drei Vergehen – Befehlsverweigerung, Desertion und
Defätismus – stand die Todesstrafe, die »unglücklicherweise
in der Sierra Maestra häufig angewendet werden« musste
(S. 170). Körperliche Züchtigung war untersagt, Gefängnisse
gab es keine. Wer sich im Kampf nicht bewährte, wurde aus-
geschlossen, wer eine Waffe im Gefecht verlor oder beim

Rückzug zurückließ, musste sich unbewaffnet eine neue vom Feind besorgen, auch wenn dies zumeist den sicheren Tod bedeutete. Che Guevara hat dieses drakonische Reglement, zu dem auch Scheinhinrichtungen gehörten, nicht nur mitgetragen und mit Verweis auf die Kriegssituation gerechtfertigt. Es ging ihm um ein Prinzip: »die Notwendigkeit [...], daß unsere Revolution rein bleiben mußte« (S. 184). Er hat wie kaum ein anderer auch später die revolutionäre Moral und Disziplin als wichtigste Waffe der Armee propagiert, die dem Volk als Beispiel dienen müsse, in Kriegs- wie in Friedenszeiten.

Che Guevara verstand den kubanischen Befreiungskampf als »Epopöe« (S. 85), die er in seinem *Cubanischen Tagebuch* eindringlich besungen hat. Mit diesem Werk – das wohl neben dem *Bolivianischen Tagebuch* zu den am häufigsten gelesenen Guevaras gehört und die neue kubanische Geschichtsschreibung begründete – hat er dazu beigetragen, dass auch andere dieses Verständnis teilen.

Deutsche Ausgaben: *Aufzeichnungen aus dem kubanischen Befreiungskrieg 1956-1959*, Reinbek 1969; *Episoden aus dem Revolutionskrieg*, Leipzig 1978; *Cubanisches Tagebuch*, Bonn 1991. Die beiden erstgenannten Ausgaben unterscheiden sich sprachlich erheblich voneinander, was wohl darauf zurückzuführen ist, dass es sich bei den *Aufzeichnungen* um eine Übersetzung aus dem Englischen handelt. Außerdem fehlen jeweils einige kleinere Kapitel. Das *Cubanische Tagebuch* (AW 2), nach dem hier zitiert wird, folgt der – überarbeiteten – Übersetzung aus dem Spanischen der DDR-Ausgabe. Ergänzende bzw. weiterführende Literatur: Mit *Die Eroberung der Hoffnung. Tagebücher aus der kubanischen Guerilla Dezember 1956 bis Februar 1957* (Bad Honnef 1997) liegen erstmals Auszüge aus den Feldtagebüchern Che Guevaras und Raúl Castros in deutscher Sprache vor. Was Guevara betrifft, bieten diese Aufzeichnungen gegenüber dem *Cubanischen Tagebuch* inhaltlich wenig Neues. Zusammen mit den Notizen Raúl Castros und der durchgängigen Kommentierung durch die Herausgeber vermitteln sie jedoch einen umfassenderen Eindruck von den ersten Monaten Che Guevaras als Guerillakämpfer. Eine literarische Verarbeitung dieser Zeit findet sich in Julio Cortázars Erzählung »Die Vereinigung« (in: Julio Cortázar, *Das Feuer aller Feuer*, Frankfurt/Main 1976, S. 61-78).

Der Guerillakrieg (Der Partisanenkrieg)

Neben dem *Cubanischen Tagebuch* ist *Der Guerillakrieg* die einzige umfangreichere Publikation Guevaras, die zu seinen Lebzeiten – erstmals in Havanna 1960 – veröffentlicht wurde. Ähnlich wie im *Cubanischen Tagebuch* hat Guevara auch hier seine Erfahrungen der kubanischen Revolution verarbeitet. Diesmal aber nicht mit der Absicht der Dokumentation, sondern gleichsam als Wegweiser für zukünftige Guerillakämpfe. Obwohl sich in diesem Buch einige grundsätzliche Bemerkungen über das Wesen und die Voraussetzungen der Guerilla finden, konzentriert sich Guevara über weite Strecken auf die organisatorische und technische Seite des Guerillakrieges. Bis in kleinste Details behandelt er Organisationsformen, Kampftaktiken, begleitende infrastrukturelle Maßnahmen, sinnvolle Ausrüstungsgegenstände usw. Dadurch gewinnt das Werk vorrangig den Charakter eines militärischen Handbuches und weniger den einer theoretischen Abhandlung (bezeichnenderweise ist die deutsche Erstausgabe im Militärverlag der DDR erschienen).

Die enorme Wirkung, die *Der Guerillakrieg* erzielte, ging jedoch nicht von diesen Instruktionen aus, sondern von drei Thesen, die Guevara an den Anfang seiner Schrift stellte: »Aus den Erfahrungen der kubanischen Revolution kann man für

Guerillaführer
unter sich:
Zu Besuch bei
Mao Tse-tung,
Ende 1960

die revolutionäre Bewegung auf dem lateinamerikanischen Kontinent drei wichtige Lehren ziehen: 1. können die Kräfte des Volkes im Krieg gegen eine reguläre Armee den Sieg davontragen; 2. muß man nicht immer warten, bis alle Bedingungen für eine Revolution herangereift sind, die Führung des Aufstandes kann solche Bedingungen selbst schaffen; 3. muß der bewaffnete Kampf in den schwachentwickelten Ländern des lateinamerikanischen Kontinents hauptsächlich in den landwirtschaftlichen Gebieten geführt werden« (S. 54). Das erinnert in manchem an Mao Tse-tung, den versiertesten Partisanenführer und -theoretiker des 20. Jahrhunderts, dessen Schriften Guevara durch die Vermittlung seiner ersten Ehefrau Hilda Gadea bereits Mitte der fünfziger Jahre in Mexiko studiert hatte. Das Spezifische des »guevaristischen« Guerillakonzepts liegt in der besonderen Rolle, die Che Guevara dem aufständischen Brennpunkt (span. »foco«) in der zweiten These zuweist. Der Guerillafokus und nicht die Partei ist Initiator, Motor und Koordinator der Revolution in einem.

> »Wie jede echte revolutionäre Bewegung war die Maos von der *Hoffnung* der *Massen* getragen – während der Guevarismus seinen Motor fand in der *Verzweiflung* des *Einzelnen*. Gerade dadurch wurde er zur abstrakten Raserei.« (Günter Maschke, *Kritik des Guerillero*, S. 126)

Das war ein unverhohlener Affront gegen die zumeist moskautreuen Kommunisten Lateinamerikas, denen Guevara »Feigheit« vorwarf, weil sie mit dem Verweis auf die noch unzureichenden »objektiven und subjektiven Bedingungen« den Beginn der Revolution ein ums andere Mal aufschoben. In den Augen Guevaras bedurfte es dagegen nur der Kampfentschlossenheit einer kleinen gut ausgebildeten und zu jedem Opfer bereiten Guerillagruppe, um den repressiven Charakter der lateinamerikanischen Diktaturen und »Scheindemokratien« zu offenbaren. Der Rest würde sich dann von allein ergeben. Dieser sich selbst schaffende und seine eigene Notwendigkeit durch den bewaffneten Kampf legitimierende Guerillafokus bildet den theoretischen Kern von Guevaras Revolutionstheorie.

Fokus-Theorie

Man hat ihm aufgrund dieser Auffassung »Voluntarismus« vorgehalten. In seinem Bestreben, überall auf dem lateinamerikanischen Kontinent Revolutionen entfesseln zu wollen, habe er die politischen und sozialen Bedingungen in den jeweiligen Ländern – mehr oder minder gewollt – missachtet und die Erfahrungen der kubanischen Guerilla unzulässigerweise verallgemeinert. Diese Kritiker hatten insofern Recht, als alle in den sechziger Jahren von den Kubanern unterstützten »guevaristischen« Guerillas in Lateinamerika mehr oder minder kläglich gescheitert sind – als Letzte die von Guevara selbst geleitete in Bolivien.

Und doch führt eine solche Kritik in die Irre, weil sie unterstellt – und dabei Guevaras in *Der Guerillakrieg* aufgestellter Behauptung folgt –, er habe die oben genannten drei Lehren aus der kubanischen Revolution extrahiert. Aber zum einen war Kubas Gesellschaft – im Unterschied zu fast allen lateinamerikanischen Ländern – eher städtisch und nicht ländlich geprägt. Zum zweiten war die kubanische Revolution kein »Volkskrieg« oder »Massenkampf«, sondern buchstäblich bis zum letzten Tag, an dem ein Generalstreik stattfand, allein die Aktion einer kleinen Guerilla. Und was schließlich die Initiierung der Revolution durch den Guerillafokus betrifft, so hat Guevara hier Recht, aber er unterschlägt – wie im *Cubanischen Tagebuch* – die äußeren Faktoren, die zum Sieg der kubanischen Guerilla beigetragen haben: den zivilen und militanten Widerstand in den Städten (von Anbeginn und von verschiedenen Oppositionsgruppen), den desolaten Zustand der Armee Batistas schon vor und die zunehmende innen- wie außenpolitische Delegitimierung des Diktators während des Kriegs.

Feier des Selbstopfers Was Guevara unzulässigerweise verallgemeinert, sind nicht *die* Erfahrungen der kubanischen Guerilla, sondern *seine* Erfahrungen in ihr, die ihn den Kampf als solchen und die Bereitschaft zum Selbstopfer verherrlichen ließen. Das Erleben eines egalitären Kommunismus in der Sierra Maestra wurde ihm zur Feier »des moralischen Aufschwungs in Kriegszeiten, wenn die Verbundenheit der Menschen ihren höchsten Grad erreicht« (S. 96). Guevara scheint während der kubanischen Guerilla gelungen, was Régis Debray in *Revolution in der Revolution?* treffend, aber leider ohne jede Ironie mit einem Satz des afrikanischen Befreiungskämpfers Amilcar Cabral folgen-

Werk

dermaßen bezeichnete: Das progressive Kleinbürgertum begeht Klassenselbstmord, um als revolutionäre Arbeiter wieder aufzuerstehen. »Der günstigste Ort und der beste Zeitpunkt für diesen Selbstmord ist die Guerillaaktion.« Der junge französische Philosoph und Marxist scheute sich auch nicht, diese Transsubstantiation konsequent in religiöser Terminologie auszumalen: »Hier wird das politische Wort plötzlich zu Fleisch. Das revolutionäre Ideal taucht aus dem farblosen Schatten der Formeln auf und nimmt im vollen Licht Gestalt an. Diese Inkarnation ist eine tiefe Verfremdung, und wenn die, die sie gelebt haben, sie beschreiben wollen [...], so schreien sie es mehr, als sie es sagen.« (Debray 1967, S. 120)

Mit aller Wahrscheinlichkeit war Guevara nicht der Einzige, den solch ein religiöses Erlebnis während der kubanischen Guerilla durchschaut hat. Zum Unglück vieler hat Guevara diese Offenbarung jedoch nicht nur zum Maßstab seines weiteren Lebens, sondern zur Bewertung allgemeinen politischen Handelns erhoben.

> »Guevara glaubte [...] an die therapeutische Wirkung der Gewalt. Er meinte, wer Gewalt übe bis zum Selbstopfer, entdecke in sich die allmähliche Geburt eines neuen Menschen.« (Jean Ziegler, »Erinnerungen an Che Guevara«; in: Sonntag 1968, S. 64)

Deutsche Ausgaben: *Der Partisanenkrieg*, Berlin (DDR) 1962; *Der Partisanenkrieg*, Hamburg 1968 (westdeutscher Nachdruck der DDR-Ausgabe); »Der Guerillakrieg«, in: Ernesto Che Guevara, *Guerilla – Theorie und Methode*, hrsg. von H. Kurnitzky, Berlin 1968, S. 20-123; *Der Partisanenkrieg*, Berlin o. J. (1974); »Der Guerillakrieg«, in: AW 1, S. 49-208 (die Seitenangaben im Text beziehen sich auf diese Ausgabe).

Ergänzende bzw. weiterführende Literatur: Weitere Texte Che Guevaras zur Guerillathematik finden sich in AW 1; außerdem: »Was ist ein Guerillero?«, in: Guevara: *Guerilla – Theorie und Methode*, a.a.O., S. 6-19. Régis Debray hat mit *Revolution in der Revolution?* (München 1967) Guevaras Überlegungen zur Guerilla kanonisiert (Fokus-Theorie) und in den Rang einer politischen Philosophie erhoben; dezidiert kritisch: Günter Maschke, *Kritik des Guerillero. Zur Theorie des Volkskriegs* (Frankfurt/Main 1973). Einen nach wie vor guten Überblick über die »guevaristischen« Guerillas bietet die Länderstudie von Robert F. Lamberg, *Die Guerilla in Lateinamerika. Theorie und Praxis eines revolutionären Modells* (München 1972).

Internationalismus

In fast allen öffentlichen Äußerungen Che Guevaras findet sich leitmotivisch das Thema Internationalismus, dessen klassische Formel Marx und Engels im *Kommunistischen Manifest* geprägt haben: »Proletarier aller Länder, vereinigt euch!« Dieser Appell enthält drei Implikationen. Er richtet sich nicht an Gleichgesinnte, sondern an Gleichgestellte; angestrebt ist eine subjektive Vereinigung derer, die objektiv – durch ihre Klassenzugehörigkeit – bereits eine Einheit bilden. Der Akt der Solidarisierung ist zweitens eine Gemeinschaftsbildung, die andere ausschließt; sich mit jemandem solidarisieren kann man nur gegen einen anderen, politisch gesprochen: gegen einen gemeinsamen Feind. Und schließlich ist der proletarische Internationalismus Teil einer umfänglichen Geschichtsphilosophie; Solidarität zu praktizieren ist nicht nur Ausdruck eines politischen Willens, sondern steht im Einklang mit einer historischen Notwendigkeit.

Alle drei Momente dieses klassischen Internationalismus finden sich bei Che Guevara, wenn auch in einer spezifischen Ausprägung. Seine diesbezüglichen Aufsätze und Reden stammen aus den Jahren 1960 bis 1967, einer recht kurzen Zeitspanne, in der man jedoch eine deutliche Zuspitzung von Guevaras internationalistischen Positionen feststellen kann, die zum Teil auf eine Radikalisierung seines Denkens, zum Teil auf Ereignisse in der internationalen Politik zurückzuführen ist.

Kubas historische Rolle In dem am 9. April 1961 in *Verde Olivo*, der Zeitschrift der kubanischen Armee, erschienenen Aufsatz »Kuba – Historische Ausnahme oder Vorhut im Kampf gegen den Imperialismus?« (AW 4, S. 27-46) stellt Guevara die Gemeinsamkeiten der lateinamerikanischen Länder heraus. Neben Sprache, Kultur und Geschichte seien dies vor allem die politischen, wirtschaftlichen und sozialen Verhältnisse. In den zumeist ländlich geprägten Gesellschaften sei die Verflechtung zwischen Großgrundbesitz und Imperialismus verantwortlich für die Deformierung der Wirtschaft, die so genannte Unterentwicklung. Die einheitliche Situation entstehe also nicht im Auge des Betrachters, sondern aufgrund einer existentiellen Nötigung durch einen gemeinsamen Feind, die eine Revolution unvermeidlich mache. Die im Befreiungskampf ausgeübte revolutionäre Gewalt wird durch diese objektiven Bedingungen als Gegengewalt legitimiert.

Die historische Bedeutung der kubanischen Revolution besteht in diesem Zusammenhang für Guevara darin, dass sie den amerikanischen Völkern gezeigt habe, wie ein Sieg über einen übermächtigen Gegner möglich ist. Das kubanische Beispiel habe damit die subjektiven Bedingungen für Revolutionen in Lateinamerika geliefert und nehme in dieser historischen Situation die Rolle der »Vorhut im Kampf gegen den Imperialismus« ein. Durch diese Einbettung wird das Beispiel für alle Seiten verpflichtend: Solidarität mit der kubanischen Revolution und Solidarität Kubas mit den lateinamerikanischen Revolutionären.

Diese Kernelemente seines Internationalismus hat Guevara in den folgenden Jahren immer wieder expliziert, sie aber auch modifiziert und radikalisiert. Das betrifft zunächst die Formulierung der objektiven Bedingungen: Lateinamerika trat als Bezugsrahmen zunehmend zurück und wurde ersetzt durch den Bezug auf eine »Tricontinentale«, eine internationalistische Freiheitsbewegung in den drei Kontinenten Afrika, Asien und Lateinamerika. Das dürfte zum einen der weitgehenden politischen und wirtschaftlichen Isolierung Kubas auf dem amerikanischen Kontinent geschuldet sein, war zum anderen aber theoretisch nur konsequent, wenn der Internationalismus mehr sein sollte als ein Panamerikanismus. Um trotz dieser Horizonterweiterung die Einheit derjenigen postulieren zu können, mit denen es sich zu solidarisieren galt, gab Guevara einige Konkretionen preis, die zuvor in seinen Augen die Gemeinsamkeit der verschiedenen Länder ausgemacht hatten: Sprache, Kultur, Geschichte, selbst der Bezug auf die ländlich geprägte Sozialstruktur und mit ihr die Bauernschaft als revolutionäres Subjekt verblassten, dessen Rolle nun die ausgebeuteten und unterdrückten Völker einnahmen.

Je mehr die Konturen eines eigenen Gemeinsamen zu verschwimmen drohten, desto stärker musste Guevara das ge-

Die Entdeckung des »Trikont«

meinsame Schicksal unter Berufung auf einen einigenden Feind betonen, den Imperialismus. Zu diesem Lager gehörten für ihn vor allem die USA, aber auch die europäischen Mächte und Japan sowie die jeweiligen nationalen Bourgeoisien. Die sozialistischen Staaten dagegen betrachtete er als Bündnispartner im weltweiten revolutionären Kampf. Allerdings sank Guevaras Wertschätzung der Sowjetunion und ihrer Satellitenstaaten merklich, nachdem diese 1962 in der Kuba-Krise ihre Atomraketen unter massivem Druck der USA von der Karibikinsel wieder zurückgezogen hatte. Von diesem Verdikt ausgenommen war die Volksrepublik China, was Guevara immer häufiger den Vorwurf (auch von seinen kubanischen Genossen) einbrachte, maoistische Positionen zu vertreten.

Bei der Bewertung von Guevaras internationalistischen Stellungnahmen muss man sich stets vor Augen halten, dass er sich nicht als Privatmann oder Intellektueller, sondern als Repräsentant Kubas äußerte. Das verpflichtete ihn einerseits, den kubanischen Staat unter Castro zu schützen, indem er, vor allem bei seinen Auftritten vor internationalen Institutionen, unermüdlich auf das Selbstbestimmungsrecht der Völker pochte. Zum anderen war es sein innerstes Anliegen, das kubanische Beispiel möge – durchaus mit tatkräftiger Unterstützung Kubas – Schule machen. So bemühte sich Guevara bis zu seinem letzten öffentlichen Auftritt in Algier 1965 um die diplomatische Rhetorik, auch wenn ihm dies von Mal zu Mal schwerer fiel.

»Botschaft an die Völker der Welt« Nachdem Guevara im März 1965 alle Ämter und seine kubanische Staatsbürgerschaft zurückgegeben und sich entschlossen hatte, den Guerillakampf persönlich wieder aufzunehmen, fühlte er sich zu keiner Rücksichtnahme auf die offiziellen Sprachregelungen mehr verpflichtet. In seinem letzten Text, der berühmten *Botschaft an die Völker der Welt* (AW 4, S. 213-231), in der sich auch die viel zitierte Formel von den »zwei, drei, vielen Vietnams« (S. 230) findet, ließ Che Guevara alle Zurückhaltung fahren: »Der Haß als Faktor des Kampfes; der unnachgiebige Haß gegenüber dem Feind, der weit über die natürlichen Schranken eines Menschenwesens

Werk

hinaustreibt und es in eine wirksame, gewalttätige, auswäh-
lende und kalte Tötungsmaschine verwandelt. Unsere Soldaten müssen so sein; ein Volk ohne Haß kann nicht über einen
brutalen Feind siegen. Man muß den Krieg
bis dorthin tragen, bis wohin der Feind ihn
trägt: in sein Haus, in seine Vergnügungs-
stätten; man muß ihn zum totalen Krieg
machen.« (S. 227 f.) Berücksichtigt man
Guevaras mehr als missliche Lage in Bolivien, in der er vielleicht schon geahnt haben
mag, dass er diese Guerilla nicht überleben
würde, so mag man die sprachlichen Ent-
gleisungen milder beurteilen. In der Sache
jedoch knüpfen diese Ausführungen naht-
los an das an, was er seit den Tagen der kubanischen Guerilla in der Sierra Maestra
unermüdlich propagierte: das existentielle
Erleben des Kampfes und die Bereitschaft zum Selbstopfer.
Dass er dafür mit seinem Leben einstand, brachte ihm, nicht
zuletzt im fernen Europa, viel Bewunderung ein.

> »In seiner Person vereinigten sich Theorie und Praxis zur vollständi-gen Harmonie. Einen solchen Be-weis des Internationalismus hatte es seit den zwanziger und dreißi-ger Jahren nicht mehr gegeben, doch sogar damals hatte keiner der bedeutendsten Führer der Rus-sischen Revolution seine Position verlassen und sich zu anderen Unruheherden Europas begeben.« (Tariq Ali, *Street Fighting Years*, S. 154)

Vgl. S. 123 ff.

Nachdem Guevara systematisch nach und nach alle hinder-
lichen Einwände beseitigt hatte, die eine andere als die ge-
waltsame Lösung sozialer und politischer Missstände favo-
risierten, war es nur konsequent, den Kampf gegen das Elend
in das Vokabular einer Entscheidungsschlacht apokalypti-
schen Zuschnitts zu kleiden. Dort der »große Feind des Men-
schengeschlechts: die Vereinigten Staaten von Nordamerika«
(S. 231), hier die »international proletarischen Armeen, wobei
das Banner, unter dem gekämpft wird, die geheiligte Sache
der Erlösung der Menschheit ist« (S. 228). Damit war der proletarische Internationalismus bei Guevara endgültig zu einer
Glaubenssache geworden.

Deutsche Ausgabe: Die zitierten sowie weitere Texte zum Thema finden sich in AW 4.
Ergänzende bzw. weiterführende Literatur: Die zeitgenössische Diskussion der »Guevaristas« ist dokumentiert in Giangiacomo Feltrinelli (Hrsg.), *Lateinamerika. Ein zweites Vietnam?* (Reinbek 1968)

und Heinrich von Nussbaum (Hrsg.), *Materialien zur Revolution in Reden, Aufsätzen, Briefen von Fidel Castro, Che Guevara, Régis Debray* (Darmstadt 1968).

Der neue Mensch

Neben dem Guerillakrieg und dem Internationalismus war der neue Mensch das dritte zentrale Thema der Reden und Schriften von Che Guevara, das den beiden Erstgenannten Sinn und visionäre Kraft verlieh. Trotz allem Pathos verstand Guevara den Guerillakampf nicht als Selbstzweck, sondern als ein Mittel zur Eroberung der Macht. Und der Internationalismus, die weltweite Solidarität mit den unterdrückten Völkern, war für ihn moralische Verpflichtung wie historische Notwendigkeit, um den Sieg über den gemeinsamen Feind, den Imperialismus, zu erringen und eine von Unterdrückung und Ausbeutung freie Gesellschaft zu schaffen. Damit waren jedoch erst die Grundlagen für den Aufbau einer sozialistischen Gesellschaft gegeben, zu denen Guevara selbstverständlich auch die Vergesellschaftung bzw. Verstaatlichung der Produktionsmittel zählte, die Anfang der sechziger Jahre in Kuba durchgeführt wurde.

Vgl. S. 46

Aber all dies reichte in seinen Augen noch nicht aus, ja traf nicht einmal den Kern dessen, was er unter Kommunismus verstand. In einem Interview mit der französischen Zeitung *Express* erklärte er im Juli 1963 apodiktisch: »Der wirtschaftliche Sozialismus ohne kommunistische Moral interessiert mich nicht. [...] Wenn der Kommunismus sich nicht mehr um das Bewußtsein kümmert, dann kann er eine Distributionsmethode, aber niemals eine revolutionäre Moral sein.« (AW 4, S. 144 f.) Diese erst zeichne den neuen, kommunistischen Menschen aus, der seinen revolutionären Verpflichtungen nicht nur erzwungen und routiniert nachkommt,

> »Es ist ja im Grunde nicht so sehr die Sache der Revolution, die ich verteidige – in Wirklichkeit ist das, worum es mir eigentlich geht, der Mensch.« (Che Guevara 1966 in einem nicht autorisierten Interview mit Jean Marcilly; in: *Der Spiegel*, 35/1968, S. 66)

Freiwilliger
Arbeitseinsatz
bei der Zucker-
rohrernte, 1963

sondern sich ihnen mit Hingabe widmet. Das entsprechende
Bewusstsein werde sich keineswegs – wie noch die kommunistischen Klassiker glaubten – mit der Veränderung der Produktionsverhältnisse automatisch einstellen, sondern könne
nur das Ergebnis eines langwierigen und mühevollen Erzie-
hungsprozesses sein.

In dem im März 1965 verfassten Text »Der Sozialismus und
der Mensch in Kuba« (AW 6, S. 14-36) hat Guevara das umfassende Erziehungsprogramm formuliert, das den »Mensch
des 21. Jahrhunderts« (S. 30) hervorbringen sollte. Die unmittelbare Erziehung erfolge durch die revolutionäre Vorhut, die
Parteikader, die mittelbare durch den Druck gesellschaftlicher
Konvention. Schließlich bedürfe es noch der »bewußten
Selbsterziehung« (S. 19), die für Erzieher und zu Erziehende
gleichermaßen gelte. Das entscheidende Erziehungsmittel sei
das »lebendige Vorbild« der Erziehenden, sonst bleibe die Vermittlung von Wissen ohne alle Überzeugungskraft. Das beste

Betätigungsfeld für dieses Vorleben stellte für Guevara die »freiwillige Arbeit« dar, die er wie kein anderer Kommunist propagierte und praktizierte.

Freiwillige Arbeit In einer am 15. August 1964 vor Mitarbeitern des Industrieministeriums gehaltenen Ansprache über »Freiwillige Arbeit und Bewußtseinsveränderung« (AW 6, S. 156-176) hat er ausführlich die herausragende Bedeutung dieser Arbeitsform für den Aufbau einer neuen Gesellschaft und die Schaffung eines neuen Menschen hervorgehoben. Um das Bewusstsein der Arbeiter entwickeln zu können, müsse sie vollständig von jeglichen ökonomischen Interessen und materiellen Anreizen für den Einzelnen abgekoppelt werden. Guevara kam es allein auf die moralische Qualität dieser Arbeitsform an. Als Belohnung winkten den Mitgliedern der »Roten Bataillone der freiwilligen Arbeit« – außer der »Dankbarkeit des Volkes« – eine »Urkunde für kommunistische Arbeit«, wobei zwischen drei Kategorien unterschieden wurde: »Vorhut-Mitglied, wer 240 oder mehr Stunden im Halbjahr leistet; herausragendes Mitglied, wer 160 Stunden im Halbjahr erreicht; Mitglied, wer mindestens 80 Stunden erbringt« (S. 166 f.).

Die Zertifizierung verstand Guevara sowohl als Ansporn wie als Kontrollmöglichkeit: Die Ableistung der freiwilligen Arbeit wurde zum Auskunftsmittel über den Stand des revolutionären Bewusstseins des Einzelnen, seine Begeisterung beim Aufbau des Sozialismus. Und die Quantität der freiwilligen Arbeit, die erforderlich war, um als Mitglied der »Vorhut« zu gelten, lässt erahnen, dass Guevara es durchaus nicht metaphorisch meinte, als er erklärte, es gebe für einen Revolutionär »kein Leben außerhalb der Revolution«. Er betonte immer wieder, der Aufbau einer sozialistischen bzw. kommunistischen Gesellschaft werde immense persönliche Opfer von allen, insbesondere dem Revolutionär, fordern. Gleichzeitig wollte Guevara diese Opfer nicht mehr als solche verstanden wissen. In einer Rede zum Thema »Partei und Revolution« vom 24. März 1963 (AW 6, S. 128-143) meinte er: »Wenn er [der Revolutionär] kein ›Opfer‹ bringt, fühlt er sich unwohl. So kommt es dahin, daß ›sich nicht Aufopfern‹ zum tatsächlichen Opfer eines Revolutionärs wird.« (S. 134)

Derartige Umwertungen, die für Guevaras Vorstellungen vom neuen Menschen der Zukunft – der von der revolutionären Avantgarde bereits in der Gegenwart verkörpert wird – charakteristisch sind, erinnern an die Frühschriften von Karl Marx, in denen dieser die vollständige Aufhebung der Entfremdung des Menschen im Kommunismus proklamierte. Guevara hat sie wahrscheinlich 1963/64 gelesen (Löwy 1993, S. 23) und sich bei seinen Überlegungen zum neuen Menschen in mancher Hinsicht vom Humanismus des jungen Marx inspirieren lassen.

Vgl. S. 126

Für solch ein »humanistisches« Denken reichte regelkonformes Handeln nicht mehr aus. Mit geradezu protestantischem Eifer verlangte Guevara von den Menschen in Kuba, ihre soziale Pflicht, die Arbeit, mit innerer Hingabe zu erfüllen. Wer dies nicht tat, der bekundete damit sein rückständiges Bewusstsein. »Unsere Aufgabe ist es aber, die Nachzügler nicht zu liquidieren, zu zerschmettern […]; unsere Aufgabe besteht darin, sie zu erziehen, sie voranzubringen, sie dazu zu bringen, unserem Beispiel zu folgen. Das ist der moralische Druck, von dem Fidel einmal sprach. Das heißt, daß jeder Mensch sich gezwungen fühlt, das zu tun, was er nicht möchte oder wozu er keine Notwendigkeit sieht, allein durch das Beispiel seiner besten Compañeros, die diese Aufgabe mit Begeisterung, Enthusiasmus und Freude Tag für Tag erfüllen.« (S. 139)

»Castro mag daran gescheitert sein, auf Kuba den ›neuen Menschen‹ zu formen. Gelungen ist ihm aber, einen neuen Kubaner zu schaffen.« (Volker Skierka, *Fidel Castro*, S. 490)

Guevara hat jedoch nicht nur die Wirkung des »moralischen Drucks« verharmlost, der aus der freiwilligen Arbeit einen Arbeitszwang machte; er hat auch die beispielgebende Kraft überschätzt. Zwar hat sein eigenes unermüdliches Bestreben, »lebendiges Vorbild« für den neuen Menschen zu sein, maßgeblich zu seinem legendären Ruf und zur Verehrung seiner Person beigetragen, nicht nur in Kuba. Zugleich dürfte aber gerade die bis zum Äußersten gehende Opferbereitschaft einer der stärksten Gründe dafür sein, warum seine Lebensführung so wenig Nachahmer gefunden hat. Guevara selbst hat dies als einen Mangel an »innerem Pflichtbewußtsein« (S. 134) gedeutet. Er wollte niemals wahrhaben, dass seine

Aufopferung gerade nicht als Beispiel taugt, sondern Ausnahme ist, die nicht verallgemeinert werden kann.

Die Verwechslung von Ausnahme und Beispiel zeigt sich noch darin, wenn er etwa die Ausnahmesituation des Kampfes auf Leben oder Tod zum Maßstab der Produktion machte und die »Anwesenheit am Arbeitsplatz« mit der »Anwesenheit in einem Schützengraben« verglich (S. 87). Die »heroische Haltung im alltäglichen Leben zu verankern«, die er als eine der »Hauptaufgaben im ideologischen Bereich« ansah (S. 15), implizierte nicht nur eine Militarisierung der Arbeit, sie perpetuierte den Kriegszustand in Friedenszeiten. Es ist der blinde Fleck in Che Guevaras humanistischer Moralität, die Unerträglichkeit einer solchen Zumutung nicht erkannt zu haben.

Deutsche Ausgabe: Alle zitierten sowie weitere Texte zum Thema finden sich in AW 6.
Ergänzende bzw. weiterführende Literatur: zum Humanismus und zur Konzeption des neuen Menschen bei Guevara vgl. die Abschnitte »Die Philosophie des Che«, in: Michael Löwy, *Che Guevara* (Köln 1993, S. 17-36) sowie »Humanismus und Utopie«, in: Roberto Massari, *Che Guevara. Politik und Utopie* (Frankfurt/Main 1987, S. 252-304).

Wirtschaftspolitik

Zwischen 1959 und 1965 bekleidete Che Guevara höchste Posten in der kubanischen Wirtschaft. Als Vorsitzender des Nationalen Instituts für Agrarreform (INRA), Chef der Nationalbank und schließlich Leiter des Industrieministeriums bestimmte er maßgeblich die ökonomische Entwicklung in Kuba. 1962 wurden die Anzeichen für eine schwere Krise der kubanischen Wirtschaft unübersehbar, die Guevara aufgrund seiner Ämter mitzuverantworten hatte. Er reagierte darauf öffentlich mit einer Mischung aus Selbstkritik und Rechtfertigung. Seine grundsätzlichen wirtschaftspolitischen Auffassungen legte er in einer Reihe von Artikeln dar, die in den Jahren 1963 und 1964 erschienen und Teil einer als »Planungsdebatte« bekannt gewordenen Auseinandersetzung waren. An dieser Diskussion beteiligten sich außer Guevara und einigen Kubanern auch Charles Bettelheim und Ernest Mandel, die als marxistische Ökonomen mit der kubanischen Revolution sympathisierten.

In der »Planungsdebatte« ging es um zwei konkurrierende Modelle sozialistischer Planwirtschaft, die man auf die beiden Begriffe »wirtschaftliche Rechnungsführung« und »haushalts-mäßiges Finanzierungssystem« bringen kann. Im Zentrum der Diskussion stand die Frage, ob den Unternehmen eine relative wirtschaftliche Autonomie bzw. finanzielle Selbstbestimmung zugemessen werden sollte, was implizierte, dass zwischen ihnen ein gewisser Zahlungs- und Warenverkehr stattfand. Oder sollte man die einzelnen Unternehmen nur als unselbständige Teile eines umfassenden, zentral vom Staat gelenkten Unternehmens begreifen, die über keine eigenständigen finanziellen Ressourcen verfügten? Warenaustausch und Geldverkehr blieben in diesem Modell, das Guevara vehement verteidigte und als »haushaltsmäßiges Finanzierungssystem« bezeichnete, auf den Kontakt zwischen Produzenten und Endkonsumenten sowie auf den staatlich kontrollierten Außenhandel beschränkt.

»Planungs-debatte«

In seinen verschiedenen Beiträgen zur »Planungsdebatte« (AW 3, S. 50-140) begründete Guevara seine Position mit Rückgriff auf die Klassiker der marxistischen Politischen Ökonomie. Sein Argument war so einfach wie radikal: Marx, Lenin und Stalin hätten überzeugend dargelegt, dass der Markt mitsamt seinen Erscheinungsformen Ware, Geld und Kredit charakteristisch für die bürgerlich-kapitalistische Produktionsweise sei. Solange diese existierten, könne von einer sozialistischen Gesellschaft nicht die Rede sein. Wolle man dagegen eine sozialistische Gesellschaft aufbauen, müsse man die Rolle des Staates stärken, die sozialistische Planwirtschaft forcieren und vor allem die moralischen Anreize fördern.

Guevara war kein Ökonom; seine ökonomischen Auffassungen waren mehr durch politische und ethische Motive bestimmt als durch rein wirtschaftliche Überlegungen. Und so ging es auch bei den gelegentlich recht theoretisch anmutenden Differenzen in der »Planungsdebatte« um einen handfes-

Vgl. »Der neue Mensch«, S. 86 ff.

ten politischen Richtungsstreit. Für Guevara orientierten sich diejenigen, die für eine »wirtschaftliche Rechnungsführung« votierten, am Vorbild der Sowjetunion. Demgegenüber plädierte er für einen eigenständigen Weg zu einer kommunistischen Gesellschaft, nicht nur – wie er vor allem gegen Bettelheims Einwände betonte – wegen der spezifischen historischen und gesellschaftlichen Umstände in Kuba. Hinter Guevaras Ablehnung des sowjetischen Modells verbarg sich ein seit der Kuba-Krise stetig gestiegenes Misstrauen gegenüber der UdSSR, die er verdächtigte, beim Aufbau des Sozialismus stecken geblieben oder gar vom Weg zum Kommunismus abgekommen zu sein. Schärfer ausgedrückt: Auch und gerade gegen die Sowjetunion galt es für Guevara, die kubanische Revolution im Besonderen und die Idee der Revolution im Allgemeinen zu bewahren. So lautete denn auch sein letztes Wort in der »Planungsdebatte«: »Den Verteidigern der wirtschaftlichen Rechnungsführung könnte man [...] zurufen: ›Vor unseren Freunden schütze uns Gott, vor unseren Feinden schütze ich mich selbst.‹« (S. 140)

Che Guevara dokumentierte mit seiner Kamera die Modernisierung der kubanischen Wirtschaft

Die politische und moralische Stoßrichtung Guevaras zeigte sich wenig später, als er im Frühjahr 1965 bei seiner Rede in Algier (AW 3, S. 159-173) die sozialistischen Staaten wegen ihrer ungerechten Handelsbeziehungen gegenüber den unterentwickelten Ländern anprangerte. In diesem Zusammenhang bezeichnete er die Vorstellung als absurd, dass ein sozialistisches Land erst die »Zahlungsfähigkeit eines sich befreienden Volkes oder eines für die Verteidigung seiner Freiheit

> »Che's Scheitern rührte präzise von seiner Tendenz her, Alternativen global, abstrakt zu sehen. Jede kleine Meinungsverschiedenheit war für ihn eine Prinzipienfrage, [...] auch wenn es nur um nebensächliche verwaltungstechnische Details ging.« (Jorge Castañeda, *Che Guevara*, S. 321)

kämpfenden Volkes« überprüfen wolle, bevor es die benötigten Waffen liefere. Schließlich gehe es nicht um materielle Werte, sondern um die »Gewährung unserer gesamten bedingungslosen Solidarität« (S. 170). Das war gleichsam eine »Internationalisierung« seiner Überlegungen zum »haushaltsmäßigen Finanzierungssystem«.

Allerdings war die Auseinandersetzung zu diesem Zeitpunkt bereits entschieden. Im Zuge der von den Brüdern Castro Vgl. S. 50 ff. vorangetriebenen Annäherung an die UdSSR hatte Guevara seinen wirtschaftspolitischen Einfluss Ende 1964 bereits weitgehend eingebüßt. Fidel Castro setzte auf die »wirtschaftliche Rechnungsführung«, wandte sich gegen die Zentralisierung der Verwaltung und attackierte scharf die von Guevara immer betonten moralischen Anreize.

Deutsche Ausgabe: Alle zitierten sowie weitere Texte zum Thema finden sich in AW 3.
Ergänzende bzw. weiterführende Literatur: Die Diskussionsbeiträge zur kubanischen Wirtschaftspolitik 1963/64 sind dokumentiert in Charles Bettelheim u. a., *Wertgesetz, Planung und Bewußtsein. Die Planungsdebatte in Cuba* (Frankfurt/Main 1969). Eine zusammenfassende Darstellung bietet Sergio de Santis, »Bewußtsein und Produktion. Eine Kontroverse zwischen Ernesto Che Guevara, Charles Bettelheim und Ernest Mandel über das ökonomische System in Cuba«, in: *Kursbuch* 18 (1969), S. 80-117.

Der afrikanische Traum. Das wieder aufgefundene Tagebuch vom revolutionären Kampf im Kongo

Zwischen April und November 1965 nahm Che Guevara an Vgl. S. 56 ff. der Spitze von bis zu 130 Kubanern am Guerillakampf kongolesischer Rebellen teil. Mehr als 20 Jahre lang zirkulierten nur Spekulationen, dann machte Fidel Castro die Beteiligung Guevaras 1987 in einem Interview mit Gianni Miná publik. Details erfuhr die Öffentlichkeit erst 1994, als der mexikanische Schriftsteller Paco Ignacio Taibo II und die kubanischen Journalisten Froilan Escobar und Félix Guerra in ihrem Buch *Das Jahr, in dem wir nirgendwo waren* ausführlich aus einem Text Guevaras mit dem Titel *Pasajes de la guerra revoluciona-*

ria: Congo zitierten. Unter diesem Titel wurde das gesamte Manuskript schließlich 1999 von Aleida March, Guevaras zweiter Ehefrau, in Havanna herausgegeben.

Der Titel der Originalausgabe verweist auf Guevaras *Episoden aus dem Revolutionskrieg*, die 1991 dann als *Cubanisches Tagebuch* auf den deutschsprachigen Buchmarkt kamen. Wie diese ist auch *Der afrikanische Traum* (so der deutsche Titel) kein Tagebuch im strengen Sinne, sondern ein nachträglich verfasster Erfahrungsbericht über die kongolesische Guerilla. Guevara hat mit der Niederschrift unmittelbar nach seiner Rückkehr aus dem Kongo am 21. November 1965 begonnen, den Text immer wieder redigiert und ihn in seinem Exil in Tansania im Januar 1966 beendet.

Guevara erhebt den Anspruch, wahrheitsgetreu zu berichten. Entsprechend schonungslos beginnt er seine Darstellung mit dem Satz: »Dies ist die Geschichte eines Scheiterns.« (S. 19) Was Guevara bei seiner Ankunft im Kongo vorfand, unterschied sich in nahezu allen Belangen von dem, was er aus der kubanischen Guerilla kannte: Es gab kein einheitliches Kommando, die rivalisierenden Rebellenführer hielten sich meist im Ausland auf und hatten kaum Kontakt zu ihren Soldaten an der Front. Dort mangelte es an allem: an Organisation, Disziplin, militärischer Ausbildung und politischem Bewusstsein, an Zuverlässigkeit, Ehrlichkeit, einem Versorgungs- und Informationssystem und schließlich – an Kampf- und Opferbereitschaft. Wer konnte, suchte jede militärische Auseinandersetzung zu vermeiden. Kam es gelegentlich doch zu einem Gefecht, mussten Guevara und seine kubanischen Gefährten ohnmächtig mit ansehen, wie ihre kongolesischen und ruandischen Genossen kopflos flohen oder gar desertierten und ihre Waffen, Verletzten und Toten auf dem Schlachtfeld zurückließen – ein Verhalten, das Guevara zutiefst empörte und auf das während der kubanischen Guerilla die Todesstrafe stand. Sein Urteil fiel dementsprechend harsch aus: »Der kongolesische Revolutionssoldat ist der jämmerlichste Kämpfertyp, den ich bisher kennen gelernt habe.« (S. 300)

Desillusionierung (Randnotiz)

»Die Revolution im Kongo war bereits verloren, als wir ankamen, aber es ist immer etwas Trauriges, der Niederlage einer Revolution beizuwohnen.« (Víctor Dreke, Mitstreiter Guevaras im Kongo; zit. n. Taibo u. a. 1996, S. 245)

Die Möglichkeiten Guevaras, an dieser Situation etwas zu ändern, waren gering. Zum einen hatte er sich der Befehlsgewalt der einheimischen Kommandeure unterstellt, die ihn monatelang zur Passivität verurteilten. Zum anderen hatte er aber auch die sprachlichen und kulturellen Barrieren unterschätzt, die weder er noch die anderen Kubaner wirklich überwinden konnten. So waren sie »dazu verdammt, auf immer Fremde im Kongo zu bleiben« (S. 87). Den rapiden Verfall der Moral bei seinen Leuten führte er allerdings auch darauf zurück, dass man in Kuba keine sorgfältige Auswahl der Guerilleros getroffen habe.

Außerdem musste er die Grenzen seiner eigenen Leistungsfähigkeit erkennen. Geschwächt durch wiederholte Fieber- und Asthmaanfälle, gefangen im allgegenwärtigen Kompetenzgerangel und desillusioniert durch die zunehmenden Feindseligkeiten zwischen kubanischen und einheimischen Kämpfern, scheiterten alle seine Versuche, die Truppe zu reorganisieren und ihr ein gewisses Maß an revolutionärer Disziplin und Moral beizubringen. Und als ihm endlich in der letzten Phase des Guerillakrieges eine beschränkte Kommandogewalt übertragen wurde, unterlief ihm auch noch aufgrund einer Falschmeldung ein taktischer Fehler, der den möglichen Sieg in einem Gefecht in eine Niederlage verwandelte. Zerknirscht zweifelte er an seinen Führungsqualitäten. »Ich stellte verbittert fest, dass wir zwar dreizehn Mann waren, einer mehr als Fidel damals hatte, dass aber der Kommandant ein anderer war«. (S. 209)

Vervollständigt wurde seine wachsende Demoralisierung, als bekannt wurde, dass Castro in Havanna Guevaras Abschiedsbrief öffentlich verlesen hatte. »Dieser Brief führte dazu, dass die Genossen, wie vor vielen Jahren in der Sierra Maestra, in mir einen Ausländer im Kontakt mit Kubanern sahen. […] Es gab bestimmte Dinge, die wir nicht mehr gemein hatten, bestimmte Träume, auf die ich stillschweigend oder ausdrücklich verzichtet hatte und die doch jedem Menschen heilig sind: seine Familie, sein Land, seine Umgebung. Der Brief […] hat mich meinen Genossen und Mitstreitern entfremdet.« (S. 309) Nicht nur in der Situation im Kongo: Guevara wusste nun, dass eine Rückkehr nach Kuba ohne Gesichtsverlust für ihn nicht mehr möglich war.

In einem ausführlichen Nachwort analysierte Guevara die Bedingungen, den Verlauf und die Ergebnisse der kongolesischen Guerilla. Obwohl er die Niederlage dieses Unternehmens offen eingestand, war sie für ihn im Wesentlichen »das Ergebnis einer unseligen Verkettung widriger Umstände« (S. 305). Als Lehren aus dem Scheitern empfahl er, »einige Schemata der marxistischen Analyse auf die Gegenwart abzustimmen«, die »Stammeskonzeption« zu zerstören, die »Universalität« des bewaffneten Kampfes zu betonen sowie – als wichtigste Aufgabe – eine »Revolutionspartei auf nationaler Ebene mit im Volk verankerten Zielen und anerkannten Kadern« aufzubauen (S. 310 ff.). Darüber hinaus sah er jedoch keinen Grund, die in seinem Guerillahandbuch aufgestellten Thesen zu revidieren. Vielmehr vermerkte er beinahe trotzig: »Mein Vertrauen in den Partisanenkampf ist größer denn je« (S. 309).

Deutsche Ausgabe: Der afrikanische Traum. Das wieder aufgefundene Tagebuch vom revolutionären Kampf im Kongo, Köln 2000. Ergänzende Literatur: Paco Ignacio Taibo II, Froilan Escobar, Felix Guerra, Das Jahr, in dem wir nirgendwo waren. Ernesto Che Guevara und die afrikanische Guerilla (Berlin 1996). Dieses Buch ist im Wesentlichen eine Zitatcollage, die neben längeren Auszügen aus Guevaras Text viele Zeugenaussagen seiner damaligen kubanischen Mitstreiter enthält. Auszüge aus dem Interview von Gianni Miná mit Fidel Castro sind abgedruckt in AW 5, S. 254-261.

Bolivianisches Tagebuch

Als Che Guevara am 8. Oktober 1967 von bolivianischen Truppen gefangen genommen wurde, fanden sich in seinem Rucksack auch ein Notizbuch und ein Taschenkalender, den Guevara bei einer seiner Zwischenstationen auf der Anreise nach Bolivien in Frankfurt am Main gekauft hatte. In ihnen hatte er minutiös alle Aktivitäten der Guerilla festgehalten. Das bolivianische Militär nahm die Tagebücher an sich, der anwesende CIA-Agent Félix Rodríguez konnte sie jedoch zu-

(marginalia linke Spalte:)

Lehren aus der Niederlage

Vgl. S. 62 f.

Der letzte Eintrag im »Bolivianischen Tagebuch«

vor abfotografieren. Auf Umwegen gelangte eine Kopie dieser Notizen schließlich nach Kuba, wo sie am 1. Juli 1968 in Millionenauflage kostenlos verteilt wurden. Unter dem Titel *Bolivianisches Tagebuch* erschienen sie fast zeitgleich auch in Deutschland, Frankreich, Italien, den USA und zahlreichen anderen Ländern. Die wenigen fehlenden Seiten wurden in einer späteren Ausgabe ergänzt.

Das *Bolivianische Tagebuch* ist wohl die berühmteste Schrift Guevaras. Zu ihrer Popularität mögen mehrere Faktoren beigetragen haben: Zum einen ist es sein letztes schriftliches Zeugnis und damit gleichsam sein ungewolltes Vermächtnis an eine militante, revolutionäre Linke. Zum anderen hatte

Guevara – anders als bei seinen Aufzeichnungen über die Guerillakämpfe in Kuba oder im Kongo und gegen seine Gewohnheit – keine Möglichkeit mehr, seine Notizen nachträglich zu redigieren; diese Authentizität erhellt schließlich sowohl die physische und psychische Verfassung des Autors, wie sie auch einen detaillierten Einblick in den Aufbau und die Funktionsweise eines Guerillafokus gewährt, den der weltberühmte Theoretiker des Guerillakrieges selbst befehligte. Das *Bolivianische Tagebuch* gibt daher in gewissem Sinne Auskunft über die praktische Anwendbarkeit der allgemeinen Überlegungen, die Guevara in seinem Handbuch *Der Guerillakrieg* angestellt hat.

Vgl. »Der Guerillakrieg«, S. 78 ff.

Die Tagebucheintragungen beginnen am 7. November 1966 mit Guevaras Ankunft in Ñancahuazu im Südosten Boliviens und enden am 7. Oktober 1967, dem Tag vor seiner Gefangennahme. Akribisch vermerkte er Tag für Tag alle Unternehmungen, Pläne und Entscheidungen der Guerillagruppe, die beteiligten Personen, ihre Stimmungen und körperliche Verfassung, kommentierte auftretende Schwierigkeiten und politische Nachrichten, die im Zusammenhang mit ihrem bewaffneten Kampf standen, notierte Zeit-, Orts-, Entfernungs- und selbst Höhenangaben. So wird der Verlauf der bolivianischen Guerilla in vielen Einzelheiten nachvollziehbar – und mithin auch manche Gründe und Umstände ihres Scheiterns. Diese unterschieden sich in vielerlei Hinsicht von denen, die 1965 zur Niederlage im Kongo geführt hatten. Von Anfang an beharrte Guevara auf einem einheitlichen Kommando, das er gegen die Ambitionen des Vorsitzenden der Kommunistischen Partei, Mario Monje, für sich reklamieren konnte. Nach sorgfältigen Vorbereitungen und wochenlangem Training im unwirtlichen Hochland konnte er auf eine Truppe bauen, die zwar nur wenig militärische Erfahrung hatte, aber deren Moral und Disziplin trotz gelegentlicher Stimmungsschwankungen und einzelner Ausfälle im Ganzen intakt war. So gelang es ihr ungeachtet einiger taktischer und individueller Fehler über Monate, sich erfolgreich gegen einen zahlenmäßig überlegenen Feind zu behaupten.

Schon bald nach Beginn der Kampfhandlungen am 23. März

Werk

1967 verlor die Gruppe um Guevara jeden Kontakt zu ihren Verbindungsleuten in La Paz und Havanna. Sie waren vollständig auf sich gestellt und konnten weder auf personelle Verstärkung von außen noch auf koordinierte Unterstützungsaktionen anderer Gruppen rechnen. Das galt auch für ihre unmittelbare Umgebung, da sich die in der Region ansässigen Bauern abwartend, ängstlich oder feindselig verhielten; keiner von ihnen schloss sich den Guerilleros an. Das schränkte nicht nur die Handlungsfähigkeit von Guevaras Guerilla ein, sondern führte auch dazu, dass er und seine Truppe oft tagelang orientierungslos und ohne Verpflegung durch die Wildnis irrten. Diese doppelte Isolierung sollte sich schließlich als verheerend erweisen. Von einem Bauern verraten, von den Regierungssoldaten umzingelt, ohne genaue Kenntnis des Geländes, wurden sie am 8. Oktober 1967 in der Yuro-Schlucht nahe La Higuera vernichtend geschlagen.

Isoliert und orientierungslos

Das *Bolivianische Tagebuch* ermöglicht nicht nur die Rekonstruktion dieses Guerillakampfes, es dokumentiert auch die persönlichen Schwierigkeiten des Guerillakommandanten. Seit Mitte Juni häuften sich die Eintragungen über heftige Asthmaanfälle, zu denen sich Fieber und Durchfall gesellten. Medikamente, die Linderung verschaffen konnten, wurden knapp und gingen schließlich ganz aus. Manchmal konnte er nicht mehr schlafen, manchmal war er so schwach, dass er sich nur noch auf einem Maultier vorwärts bewegen konnte und andere Compañeros seinen Rucksack tragen mussten. Für Guevara, der immer das Äußerste von sich und seinen Leuten forderte, muss dies eine unerträgliche Schmach gewesen sein, zumal in einer Situation, in der er, anders als in der kubanischen oder der kongolesischen Guerilla, für das Wohlergehen und das Überleben seiner Männer allein verantwortlich war. Obwohl er sich mit all seiner Willenskraft gegen den körperlichen Verfall stemmte, konnte er ihn nicht aufhalten. Die Folge war eine fortschreitende psychische Destabilisierung, die durch die sich häufenden Verlustmeldungen noch verstärkt wurde. Gelegentlich wurde er mutlos, zauderte bei Entscheidungen. Mehrfach verlor er die Beherrschung, misshandelte die Mitstreiter und die Lasttiere. Am Ende, so scheint es, war der »Comandante Che« ein körperliches und seelisches Wrack. Bemerkenswert ist jedoch: Nach dem 26. September, als die Umzingelung durch die Regierungstruppen nicht mehr zu leugnen war, werden die Tagebucheintragungen mit einem Mal wieder nüchterner. Kein Wort mehr über Depression oder körperliche Gebrechen, aber auch kein Optimismus. Es ist, als habe Guevara von diesem Zeitpunkt an sein Schicksal geahnt und es nur noch protokolliert.

> »Das *Bolivianische Tagebuch* Che Guevaras ist seine unmittelbarste und menschlichste Aussage. [...] Es enthüllt den nackten, gekreuzigten, unangepaßten Che. Vorbei alle Rhetorik, aller Schein, der Jargon, die Dialektik. Was bleibt, ist der Bericht eines großen Mannes, der versucht, seine Männer in Bewegung und am Feind zu halten, während er sich auf seinen eigenen Tod hinbewegt.« (Andrew Sinclair, *Che Guevara*, S. 106)

Die ungeschönte, detaillierte und intensive Schilderung der existentiellen Nöte einer Guerilla und ihres Anführers machen das *Bolivianische Tagebuch* zu einem vielleicht einzigartigen Dokument einer revolutionären Tragödie.

Deutsche Ausgaben: *Bolivianisches Tagebuch*, München 1968; *Bolivianisches Tagebuch. Dokumente einer Revolution*, Reinbek 1986; *Bolivianisches Tagebuch*, Berlin (DDR) 1987; *Das vollständige bolivianische Tagebuch* (=AW 5; Seitenangaben beziehen sich auf diese Ausgabe).
Ergänzende Literatur: zu Fidel Castros Bewertung des Tagebuchs und Che Guevaras Handlungsweise während der Guerilla vgl. sein Vorwort zum *Bolivianischen Tagebuch* (AW 5, S. 6-25) sowie das Interview mit Gianni Miná aus dem Jahr 1987 (Auszüge ebd., S. 254-261).

Wirkung

Ernesto Guevara, genannt Che, hat nicht nur ein bekanntes Gesicht, auch sein Denken und Wirken hat in weiten Teilen der Welt große Beachtung gefunden. Das Spektrum der Rezeption reicht von vehementer Ablehnung bis zu kritikloser Zustimmung. Im Zentrum der nachfolgenden Ausführungen stehen politische Positionen und Bewegungen, die sich ganz oder teilweise positiv auf ihn bezogen haben. Auch hier gibt es erhebliche Unterschiede, die sich aus den verschiedenartigen politischen Zusammenhängen erklären, in denen Che Guevaras Theorie und Praxis diskutiert wurden.

Zwar lassen sich zu bestimmten Zeiten und an bestimmten Orten dominierende Interpretationsinteressen feststellen – etwa an der Biographie oder an den politischen Theorien –, doch sind sie weder in eine strikte zeitliche Abfolge zu bringen noch in ein länderspezifisches oder ideologisches Muster, das sich in ein System fügen würde. Im strengen Sinne kann man daher nicht von *einer* Wirkungsgeschichte Che Guevaras sprechen, sondern von verschiedenen Wirkungsgeschichten, die mal parallel verliefen, mal sich miteinander verknüpften oder überschnitten. Einige solcher Geschichten, die mit Rücksicht auf ein deutsches Lesepublikum ausgewählt wurden, werden im Folgenden exemplarisch vorgestellt.

Der staatlich anerkannte Held

Normalerweise finden Revolutionäre ihre Verehrer unter denen, die eine Umwälzung politischer oder gesellschaftlicher Verhältnisse anstreben. Wie auch die Herrschenden einen Revolutionär zum Vorbild erheben können, ohne dass er ihre Herrschaftslegitimation untergräbt, zeigt die Verehrung Che Guevaras in Kuba und in der DDR.

In Kuba wurde von offizieller Seite schon beizeiten der »Mythos Che« gefördert, allen voran von Fidel Castro, der seit 1959 die Karibikinsel unangefochten regiert. Er hat es stets verstanden, die Ausstrahlung und Popularität des »Comandante Che« für sich zu nutzen und gleichzeitig zu domestizieren. Das galt schon zu Lebzeiten Guevaras und noch mehr

»Mythos Che« in Kuba

nach seinem Tod. Dass ihm dies gelang, ist eine politische
Meisterleistung Castros, zu der Guevara allerdings selbst entscheidend beigetragen hat. In all den Jahren, in denen er politische Verantwortung in Kuba trug, stellte er den Führungsanspruch Castros nie in Frage und zeigte bei öffentlichen
Auftritten seine demonstrative Übereinstimmung mit dem
»máximo líder«, wenn er dessen Worte zitierte. Sein wieder-
holtes Vorpreschen über die offizielle politische Linie Castros
hinaus war immer mit diesem abgesprochen, zumindest bis
1964, als er mit seiner Wirtschaftspolitik und vor allem seinen
Anfeindungen der Sowjetunion erstmals für Verstimmungen
bei Castro sorgte, die ohne Gesichtsverlust für einen der beiden nicht beizulegen waren.

Che und Fidel:
Zwei starke
Persönlichkeiten

Diese Kollision, die Guevaras Rücktritt von allen Ämtern und
sein Verschwinden aus der Öffentlichkeit nach sich zog, endete mit einer bemerkenswerten Unterwerfungsgeste Guevaras. Sein berühmter Abschiedsbrief an Castro enthält folgende
Passage: »Wenn ich an mein bisheriges Leben zurückdenke,
dann meine ich, mit der notwendigen Ehrenhaftigkeit und
Hingabe daran gearbeitet zu haben, den revolutionären Sieg
zu festigen. Mein einziger Fehler von einiger Bedeutung war
es, Dir seit den ersten Tagen in der Sierra Maestra nicht mehr
vertraut zu haben und nicht rasch genug Deine Fähigkeiten
als Leiter und Revolutionär erkannt zu haben. Ich erlebte

Abschiedsbrief
an Castro

großartige Tage und fühlte an Deiner Seite während der leuchtenden und schweren Tage der Oktoberkrise den Stolz, zu unserem Volk zu gehören. Nur selten hat ein Staatsmann wie Du in jenen Tagen geglänzt; ich bin auch stolz darauf, Dir in jenen Tagen ohne zu schwanken gefolgt zu sein, mich identifiziert zu haben mit Deiner Art zu denken und die Gefahren und Prinzipien zu sehen und einzuschätzen.« (AW 5, S. 33 f.) Dieses Bekenntnis kommt schon fast jenem Bucharins gleich, der mit seinem falschen Schuldeingeständnis in den Moskauer Schauprozessen 1938 die Taten seiner Henker vor der Geschichte legitimiert hatte. Der mit Castro populärste Mann Kubas stellte Fidel einen moralischen Blankoscheck für die Zukunft aus, selbst für den Fall, dass Castro im Namen

> »Wir hätten es natürlich lieber gehabt, wenn er am Leben und hier bei uns in Kuba geblieben wäre, aber die Wahrheit ist, daß sein Tod uns enorm geholfen hat. Wahrscheinlich hätten wir in all den Jahren längst nicht soviel revolutionäre Solidarität erfahren, wenn Che nicht auf diese Weise gestorben wäre.« (»Santiago«, kubanischer Geheimdienstmann, Mitte der neunziger Jahre; zit. n. Anderson 2002, S. 678)

Guevaras dessen politische Prinzipien demontieren sollte. So konnte Castro etwa am 26. Juli 1965 in Santa Clara vor einem überlebensgroßen Bildnis Guevaras mit gutem Gewissen die Abkehr von dessen Maximen verkünden. »Es wäre absurd, würde man versuchen, die große Masse der Menschen [zu überzeugen], Zuckerrohr zu schneiden, nur damit sie aus ihrem Pflichtgefühl heraus ihr Bestes geben, egal, ob sie mehr oder weniger verdienen.« (zit. n. Castañeda 1998, S. 379) Die Abschiedsworte Guevaras forderten unbedingte Treue und blindes Vertrauen in die Führungsqualitäten Fidel Castros. Einen größeren Dienst hätte ihm der legendäre »Comandante Che« lebendig nicht mehr erweisen können. Dessen wird sich wohl auch Castro bewusst gewesen sein. Denn anders ist es kaum zu erklären, dass er keinerlei Anstrengungen unternahm, um Guevara zu helfen, nachdem deutlich geworden war, dass sich der bolivianische Guerillafokus nicht in ein zweites Vietnam für die USA verwandeln würde. Auf jeden Fall blieb Castros Ermächtigung so Guevaras letzter Wille.

Und Castro machte sich umgehend daran, die Legende in einen Mythos umzuformen. In der Fernsehansprache vom 15. Oktober 1967, in der er die Nachricht vom Tode Guevaras bestätigte, würdigte er dessen Verdienste und klagte: »Wir hätten ihn viel lieber als *Schmied* der großen Siege der Völker gesehen denn als den *Vorläufer* dieser Siege. Aber ein Mann von diesem Temperament, von dieser Persönlichkeit, diesem Charakter, dieser immer gleichen Reaktion vor bestimmten Umständen ist leider dazu berufen, eher ein Vorläufer als ein Schmied dieser Siege zu sein.« (zit. n. Nussbaum 1968, S. 27) In der gleichen Ansprache teilte er den Beschluss des Ministerrates mit, Guevaras Todestag zum nationalen Gedenktag, zum »Tag des Heldenhaften Guerillero«, auszurufen. Das blieb noch ganz in den Bahnen herkömmlichen Heldengedenkens: den Toten ehren und ihn als Vorläufer gleichzeitig auf Distanz halten.

Heldenverehrung

Drei Tage später, auf der Trauerfeier, unternahm Castro vor Hunderttausenden von Zuhörern einen neuen Anlauf. Er idealisierte Che Guevara zum »vollkommenen Ausdruck eines Revolutionärs […], einem Mensch mit einem makellosen Lebenswandel«. Den so schon Verklärten drängte Castro vollends aus der erlebten Geschichte, als er deklamierte: »Wenn wir einen Menschen als Vorbild suchen, der nicht zu unserer Zeit gehört, sondern der ein Mensch der Zukunft ist, dann sage ich mit voller Überzeugung und aus ganzem Herzen, daß dieses Vorbild […] Che ist.« Das war zwar nicht ganz originell, weil es die Idee der Imitatio Christi aufgriff, hatte aber doch eine ganz andere Qualität als die traditionelle Heldenverehrung. Denn es eröffnete für Castro einen Spielraum zwischen der Inangriffnahme und der Verwirklichung der Ziele Guevaras – die Schaffung des neuen Menschen. Wichtig war nur, dass man auf dem Weg dorthin, mochte er noch so mühselig und verschlungen sein, nicht die Zuversicht in die Führungsqualitäten Fidel Castros verlor. War das nicht der ausdrückliche Wunsch Che Guevaras in seinem Abschiedsbrief gewesen?

Imitatio Christi

Mit seinem feinen politischen Gespür erklärte Castro weiter: »Wenn wir ausdrücken wollen, wie wir uns unsere Kinder wünschen, dann müssen wir aus tiefster revolutionärer Überzeugung sagen: Wir wollen, daß sie wie Che werden.« (zit. n. AW 1, S. 16 u. 21) »So werden wie Che« – Castro prägte damit die bis heute in Kuba gültige Formel für moralisches Verhalten und baute doch zumindest für eine Generation der Enttäuschung an der – um im christlichen Bild zu bleiben – Parusieverzögerung vor. Die idealisierte Vergangenheit als Glücksverheißung in die Zukunft projiziert, das ist die staatliche kubanische Version des »Mythos Che«.

In den Monaten nach Guevaras Tod hatte es den Anschein, als würde Castro selbst noch einmal auf dessen Spuren wandeln. Die moralischen Anreize für die Arbeit wurden wieder betont, die internationalistischen Aktivitäten verstärkt, und die kubanische Regierung ging auf den von Guevara in seiner Algier-Rede eingeschlagenen Konfrontationskurs, als sie der Sowjetunion mangelnde Solidarität mit den Befreiungsbewegungen in der Dritten Welt vorwarf, nicht zuletzt mit Guevaras Guerilla in Bolivien. Die sowjetische Führung ließ sich solche »guevaristischen« Umtriebe nicht lange bieten. Im Sommer 1968 wurde der Botschafter in Havanna ausgetauscht und die Wirtschaftshilfe für Kuba drastisch gekürzt. Castro lenkte ein, rechtfertigte den sowjetischen Einmarsch in der ČSSR und erkannte nach einem Besuch Anfang 1969 in Moskau die Führungsrolle der Sowjetunion im sozialistischen Lager endgültig an – mit allen ideologischen, wirtschafts- und außenpolitischen Implikationen. Solches Wohlverhalten wurde belohnt: 1972 wurde Kuba als vollwertiges Mitglied in den Rat für gegenseitige Wirtschaftshilfe (COMECON) aufgenommen, 1974 besuchte Leonid Breschnew als erstes sowjetisches Staatsoberhaupt die Karibikinsel, und im Jahr darauf durfte Kuba den 1970 auf Druck der Sowjets eingestellten Revolutionsexport wieder aufnehmen und Truppen nach Angola und Äthiopien schicken, diesmal mit Billigung Moskaus.

Castro und die Sowjetunion

»Wir werden sein wie Che. Das ist symbolisch und nur symbolisch zu verstehen. [...] Nichts von dem, was wir tun, entfernt uns von Guevara. Alles, was wir tun, bringt uns näher an ihn heran.« (Der kubanische Vizepräsident Carlos Rafael Rodríguez 1983; zit. n. Hetmann 1984, S. 122)

Zwar sangen die Schulkinder morgens zu Beginn des Unterrichts weiterhin »Wir werden so sein wie Che«, aber ansonsten war es in Kuba offiziell still um Che Guevara geworden. Das änderte sich erst, nachdem Michail Gorbatschow 1984 Generalsekretär geworden war und Castro befürchten musste, die Perestroika könnte auch in seinem Herrschaftsbereich Schule machen. Der Attraktivität des neuen Kreml-Chefs in Kuba setzte »Castro mit Macht den Mythos und egalitären Rigorismus des toten Helden Che Guevara und seiner Zeit entgegen« (Skierka 2002, S. 320) und startete 1986 die Kampagne »Rectificación de los errores«. Unter die Fehler, die zu »berichtigen« waren, zählte er an prominenter Stelle »die Negation der Ideen Ches, die Negation seines revolutionären Denkens, seines Stils, seines Beispiels und seiner Konzeptionen« (zit. n. AW 3, S. 9). Die propagandistische Reaktivierung Guevaras schloss auch dessen wirtschaftspolitische Vorstellungen ein und zielte vor allem auf die Rehabilitierung des von Guevara unermüdlich vertretenen Prinzips der freiwilligen Arbeit und des darin zum Ausdruck kommenden Vorrangs der moralischen gegenüber den materiellen Anreizen.

Von nun an gehörte die Erinnerung an die Opferbereitschaft Che Guevaras und den Idealismus der sechziger Jahre zum Standardrepertoire, wenn es den Kubanern wieder einmal zu vermitteln galt, dass der Gürtel enger zu schnallen war. Und an solchen Gelegenheiten fehlte es nicht. Dabei spielte es keine Rolle, ob neuerliche Kurswechsel noch mit Guevaras ökonomischen und politischen Ideen übereinstimmten oder ihnen diametral zuwiderliefen, etwa als 1993 in Kuba der US-Dollar als Zweitwährung eingeführt wurde und dies die Etablierung einer Zweiklassengesellschaft nach sich zog. Um neuerliche Irritationen zu vermeiden, wurde Guevara wieder auf das Klischee vom edlen und reinen Helden reduziert, dessen Kult seit 1997

Rehabilitierung Che Guevaras

Standbild von Che Guevara in Santa Clara

mit dem Mausoleum in Santa Clara eine Wallfahrtsstätte besitzt.

Gegen einen »Mythos Che« hat die kubanische Führung daher auch offiziell gar nichts einzuwenden. 1997 erklärte Armando Hart Dávalos, damals Mitglied des Politbüros der Kommunistischen Partei Kubas, auf der Internationalen Che-Guevara-Konferenz in Berlin, »daß die Völker nur dann fähig sind, etwas Neues zu schaffen, wenn aus ihrem eigenen Inneren ein massenhafter Mythos erwächst« (*Internationale Che-Guevara-Konferenz* 1998, S. 26); sicherlich bleibe zu klären, wie dieser Mythos richtig zu interpretieren sei. Zumindest auf die Frage, wer dazu berechtigt ist, hatte Castro schon 30 Jahre früher, am 18. Oktober 1967, eine Antwort gegeben: »Che hat der Menschheit ein Erbe hinterlassen, ein großes Erbe, und wir, die wir ihn so gut kannten, werden in einem beträchtlichen Umfang seine Testamentsvollstrecker sein.« (zit. n. AW I, S. 21)

Natürlich bietet sich all denen, die dem regierungsamtlichen Kurs Castros nicht zustimmen und dennoch an der kubanischen Revolution festhalten wollen, Che Guevara als Projektionsfläche ihrer unerfüllten Träume an. Was hätte er nicht alles verhindern und anders machen können, wäre er nicht so früh gefallen. Je misslicher die konkreten Umstände, desto strahlender der unvollendete Lebensweg des Helden. Auch eine Form der Idealisierung – sie erinnert an die Wahrnehmung Lenins in der Sowjetunion – und nicht weniger verklärend als die staatlich betriebene. Denn um Fidel mit Che kritisieren zu können, muss man vergessen, dass Guevara die Grundlagen des Regimes mitgeschaffen hat, das Castro nun repräsentiert: die Durchführung abrupter wirtschaftspolitischer Kurswechsel, die Einweisung in Straflager bei moralischen Verfehlungen, die Einführung eines engmaschigen Überwachungssystems, die Verachtung für jede Form der institutionalisierten politischen Mitbestimmung, die Militarisierung der Gesellschaft bis in die Schulen hinein. Immer im Namen der Revolution, der revolutionären Moral und Disziplin. Aber all dies muss verblassen in der schwärmerischen Rückschau, in der Che zum Gegenbild von Fidel wird und

Romantisierende Opposition

die doch nicht in der Lage ist, eine wirkliche Alternative zum offiziellen Che-Mythos aufzubauen, weil sie diesem bis zum Verwechseln ähnlich ist. Sowohl Fidel Castro als auch eine solche romantisierende Opposition setzen auf den reinen, makellosen, sich aufopfernden Che. Das gereicht den einen zum Trost, dem anderen zur Herrschaftslegitimation und sichert von beiden Seiten die Weiterexistenz des »Mythos Che«.

»Für das Vaterland sterben heißt leben.« (allgegenwärtige Parole auf Kuba)

Wie schwer unter diesen Bedingungen die wissenschaftliche Auseinandersetzung mit dem Leben und Wirken Che Guevaras fällt, zeigt sich nicht zuletzt daran, dass bis heute keine »offizielle« Biographie in Kuba erschienen ist und wohl zu Lebzeiten Castros auch nicht zu erwarten ist. Immerhin gibt es seit den neunziger Jahren in Havanna das Centro de Estudios Che Guevara, das unter anderem aus seinem Nachlass in einigen Abständen Tagebuchaufzeichnungen, Artikel, Reden usw. herausgibt. Leiterin ist Ches zweite Ehefrau Aleida March, und auch sein Sohn Camilo arbeitet dort.

Rezeption in der DDR Anders als in Kuba ist Che Guevara in der DDR offiziell nie zum Mythos geworden. Dort hat er es nur zum »Spartenhelden« gebracht, zum Helden mit beschränkter Geltung. Und auch diese Rolle wurde ihm erst posthum zuerkannt. Solange er lebte, blieb er für die DDR-Führung ein äußerst unsicherer Kandidat für die Aufnahme in die Geschichtsbücher.

Dabei hatte alles vielversprechend begonnen. Auch im östlichen Teil Deutschlands hatte man gespannt verfolgt, welche politische Richtung die neue kubanische Regierung nach dem Sturz Batistas einschlagen würde. Erleichtert und erfreut nahm man die wirtschaftspolitische Annäherung Kubas an die sozialistischen Länder zur Kenntnis, die man zu einem großen Teil Guevara gutschrieb, der nicht nur den westlichen Medien als »roter Floh in Fidels Ohr« (zit. n. Niess 2003, S. 70) galt. Schließlich hatte er sich als einziger der führenden kubanischen Politiker bis dato offen zum Kommunismus bekannt. So wurde ihm, als er während einer seiner ausgedehnten Reisen, auf denen er um Unterstützung für das neue ku-

banische Regime warb, im Dezember 1960 auch die DDR besuchte, kein spektakulärer, aber doch sehr herzlicher Empfang
bereitet. Außer den eigentlichen Wirtschaftsverhandlungen
nebst kulturellem Beiprogramm sah das Protokoll einen Eintrag in das Goldene Buch der Stadt Berlin sowie die Verleihung der Ehrendoktorwürde der Humboldt-Universität vor.
In der Folgezeit intensivierten sich die wirtschafts- und kul-
turpolitischen Kontakte zwischen beiden Ländern. Als Ausdruck besonderer Wertschätzung Guevaras wurde 1962 dessen
Guerillahandbuch *Der Partisanenkrieg* im Militärverlag der
DDR in einer Auflage von 5000 Exemplaren gedruckt –
lange bevor die westdeutsche Studentenbewegung den Revolutionär für sich entdeckte und sechs Jahre später das Buch
auch in der Bundesrepublik veröffentlichte.

Doch kaum war die Schrift erschienen, begannen die Irrita- Irritationen
tionen. Grund dafür waren Guevaras Beiträge zur »Planungsdebatte« in den Jahren 1963/64, vor allem aber dessen schärfer
werdende Kritik an der von Moskau nach der Kuba-Krise
1962 ausgegebenen Losung von der »friedlichen Koexistenz«
der Systeme. Zunehmend betrachtete die DDR-Führung ihn
als einen Querulanten und politischen Abenteurer, der immer
häufiger prochinesische Positionen vertrete. Kein geringer
Vorwurf, nachdem es Anfang der sechziger Jahre zum Bruch
zwischen Moskau und Peking gekommen war, die beide
fortan um den Führungsanspruch im sozialistischen Lager
stritten.

In ihrem Misstrauen sahen sich die SED-Genossen bestätigt,
als Guevara im Februar 1965 in Algier die Sowjetunion der
Komplizenschaft mit dem amerikanischen Imperialismus bezichtigte. Die Rede sei kein »individueller Missgriff« gewesen,
»sondern das bewusst herbeigeführte Ergebnis einer ganzen
Konzeption«, hieß es in einer Ende Oktober 1965 verfassten
Analyse der DDR-Botschaft in Havanna. Da man dort die
Differenzen in der kubanischen Führung sehr wohl wahrgenommen hatte, mutmaßte man gar, Guevara habe Castro aus
der ideologischen und politischen Führung drängen wollen,
sei damit aber gescheitert. Das plötzliche Verschwinden Guevaras erklärte man sich damit, dass es in Kuba üblich sei, »»läs-

> Die kubanische Führung ist bestrebt, »von Guevara nur das
> Denkmal eines edelmütigen Befreiungskämpfers zu erhalten
> (ähnlich wie bei Camilo Cienfuegos)«. (Brief des DDR-Botschaf-
> ters Johne an den stellvertretenden DDR-Außenminister Stibi
> vom 12.10.1965; zit. n. Skierka 2002, S. 228)

tige‹ Leute [...] für längere oder kürzere Zeit auf ›Urlaub‹ oder
ins Ausland zu schicken« (zit. n. Skierka 2002, S. 227 f.). Die
Beruhigung hielt nicht lange vor. Im September 1966 meldete
sich die Botschaft in Havanna erneut und versetzte die DDR-
Führung in helle Aufregung. Unter dem Einfluss von »links-
radikalistischen Extremisten« – gemeint waren die Anhänger
Guevaras – veranstalte Castro einen »wahrhaftigen Amok-
lauf«, der »wirksam abgebremst« werden müsse. Denn die
kubanische Führung versuche mit aller Macht, eine Vielzahl
von Konfliktherden in Asien, Afrika und Lateinamerika zu
schüren, um die Weltrevolution voranzutreiben und damit
»die sozialistischen Länder weitgehend[er] als bis jetzt festzu-
legen« (zit. n. Skierka 2002, S. 243 f.). Mit einiger Erleichterung dürften die Ost-Berliner Genossen deshalb ein gutes
Jahr später das Scheitern von Guevaras Guerilla in Bolivien
aufgenommen haben, bedeutete es doch zugleich das vorläu-
fige Ende der internationalen Ambitionen Castros.

Nachdem sich dieser im Herbst 1968 dem Führungsanspruch
der Sowjetunion untergeordnet hatte, war auch der Weg für
Neubewertung   eine Neubewertung Guevaras in der DDR frei. Die ge-
schichtspolitische Vereinnahmung erfolgte umgehend, nicht
zuletzt um den zeitweilig verlorenen Sohn nicht länger den
demonstrierenden Studenten im Westen allein zu überlassen.
Bereits im November wurde mit dem Abdruck des *Bolivianischen Tagebuches* von Che Guevara in der ersten Ausgabe der
frisch gegründeten außenpolitischen Zeitschrift *horizont* begonnen. In der einleitenden Bemerkung der Redaktion hieß
es: »Wir verneigen uns vor der edlen revolutionären Gesin-
nung, den hohen moralischen Qualitäten und dem Opfermut
dieses Helden unserer Tage, dessen Aufzeichnungen ein un-
vergängliches Denkmal des bewaffneten Befreiungskampfes

sind, gleichzeitig aber dem Leser deutlich machen, daß für einen erfolgreichen Partisanenkampf die objektiven revolutionären Bedingungen genauso unerläßliche Voraussetzung sind wie die reale Einschätzung der Lage im Lande und die Bereitschaft der Bevölkerung zur aktiven Teilnahme.« Wem das noch nicht deutlich genug war, für den wurde am Ende der Serie in einem bewertenden Artikel der offizielle Interpretationsrahmen nachgereicht: Che Guevara, ein internationalistischer Heroe, der aber notwendig scheitern musste, weil er nicht auf die Einschätzung der kommunistischen Partei gehört und eigenständig und zu früh den Guerillakrieg »entfesselt« hatte. Diese Form des Kampfes habe zwar ihre historische Berechtigung, sei aber unter keinen Umständen verallgemeinerbar.

In der DDR wurde Guevara damit, anders als in Kuba, ein fester, jedoch klar umgrenzter Platz in den kommunistischen Geschichtsbüchern zugewiesen. Dabei blieb es bis zum Ende der DDR. Das zeigt noch das externe Gutachten, als der Verlag Volk und Welt 1987 das *Bolivianische Tagebuch* erstmals in Buchform präsentieren wollte. Eine Veröffentlichung sei unproblematisch, solange man Guevaras Aufzeichnungen mit »einer exakten marxistisch-leninistischen Analyse und Aufgabenstellung« verbinde, was unter Anleitung Moskaus bereits in den siebziger Jahren geschehen sei (Bundesarchiv Berlin, DR 1/2389 a, Bl. 527).

Nicht nur die Partei hatte ein wachsames Auge auf das Che-Guevara-Bild in der DDR. Daneben gab es noch eine außerordentliche Kontrollinstanz: Genossin Nadja Bunke. Ihre Tochter Tamara hatte unter dem Decknamen »Tania« an Guevaras Seite in Bolivien gekämpft und war dort in einem Gefecht am 31. August 1967 getötet worden. In Kuba hatte man sie deshalb zusammen mit dem »Comandante Che« in die Reihe der Nationalhelden aufgenommen. 1970 erschien in Havanna die Biographie Tamara Bunkes. *Tania la guerrillera inolvidable* – verfasst von den beiden kubanischen Journalistinnen Marta Rojas und Mirta Rodríguez Calderón – wurde in einer Stückzahl von ei-

Tamara Bunke,
genannt »Tania«

ner halben Million Exemplaren verbreiter. Die von Nadja Bunke besorgte deutsche Übersetzung wurde 1973 unter dem Titel *Tania, la Guerrillera* im Militärverlag der DDR veröffentlicht und brachte es im Laufe der Jahre auf stattliche sieben Auflagen. Außerdem wurde »Tamara Bunke« in der DDR zum »Ehrennamen«, mit dem sich über 200 ostdeutsche Kollektive schmückten: Arbeitsbrigaden, FDJ-Clubs, Kindertagesstätten und Oberschulen.

Nadja Bunke Nadja Bunke, überzeugte Kommunistin und SED-Mitglied, hatte es sich seit der Nachricht vom Tode Tamaras zur Lebensaufgabe gemacht, das Ansehen ihrer Tochter in Ehren zu halten und gegen jedermann zu verteidigen. Das musste auch der Verfasser der sowjetischen Che-Guevara-Biographie, Josef Lawrezki, erfahren, der sich wahrlich alle Mühe gegeben hatte, die Differenzen zwischen Guevara und der Sowjetunion in seinem Buch auszublenden. Als die deutsche Übersetzung 1974 im Ost-Berliner Verlag Neues Leben erscheinen sollte, erhob Nadja Bunke Einspruch. Beim stellvertretenden Minister für Kultur Klaus Höpcke beklagte sie sich, Lawrezkis Darstellung enthalte »zahlreiche, zum großen Teil der CIA-Verleumdungskampagne bzw. der imperialistischen Presse entnommene Verleumdungen« sowie »Verfälschungen oder mißkreditierende Erfindungen über unsere teure Tochter Tamara« (Bundesarchiv Berlin, DR 1/3547, Bl. 496). So lasse die russische Biographie unter anderem die Vermutung zu, ihre Tochter habe durch Unvorsichtigkeit die bolivianischen Militärs auf die Spur der Guerilla gebracht und sei damit indirekt für das Scheitern des Unternehmens mitverantwortlich. Darüber hinaus ließ sie den DDR-Funktionär wissen, Paul Markowski, Leiter der Abteilung Internationale Beziehungen des ZK der SED, sowie Alexei Kossygin, Vorsitzender des Ministerrates der UdSSR, würden ihre Auffassung teilen. Nadja Bunke hatte mit ihrer Intervention Erfolg. Sie konnte zum verdutzten Josef Lawrezki nach Moskau fahren und mit ihm die gewünschten Änderungen vornehmen, die in alle folgenden russischen, deutschen und anderssprachigen Ausgaben übernommen wurden.

Nadja Bunkes Kreuzzug für die Ehre ihrer Tochter ging auch

nach der Wiedervereinigung weiter. 1997 musste der Aufbau-Verlag auf Gerichtsbeschluss die bereits ausgelieferte Biographie *Tania. Die Frau, die Che Guevara liebte* vom Markt nehmen. Der uruguayische Autor José Friedl Zapata hatte darin unter anderem behauptet, Tamara Bunke sei eine Dreifachagentin für den Staatssicherheitsdienst der DDR, den sowjetischen KGB und den kubanischen Geheimdienst gewesen.

Mit ihrer Unnachgiebigkeit hat es Nadja Bunke bis zu ihrem Tod im Jahr 2003 vermocht, das Bild von »Tania la Guerillera« rein zu halten. Noch erstaunlicher ist die Tatsache, dass sie als Einzelkämpferin – wenn auch mit tatkräftiger Unterstützung hochrangiger Genossen aus der DDR und Kuba – in einer Parteidiktatur damit indirekt auch die Wahrnehmung Che Guevaras mitprägen konnte. Denn der Glorienschein der Heiligen Tania färbte zwangsläufig auf das Bild von ihm ab. So wurde zumindest inoffiziell in der DDR ebenfalls ein »Mythos Che« etabliert.

Vorbild im Guerillakampf

Ein gescheiterter Revolutionär kann geachtet und unter Umständen sogar als tragischer Held verehrt werden. Die Bewunderung bleibt dann zumeist eine ferne. Denn mit Niederlagen allein macht man keine Proselyten. Heute mag es den Anschein haben, dies träfe auch auf Che Guevara zu. Aber bevor er in Bolivien scheiterte, hatte er an der Seite Fidel Castros einen glänzenden Sieg in Kuba errungen, der sofort bei allen revolutionär Gesinnten in Lateinamerika für Aufbruchstimmung sorgte. Von Kuba initiiert oder unterstützt und nach kubanischem Modell organisiert, entstand in wenigen Jahren eine Reihe »guevaristischer« oder »castristischer« Guerillas – so etwa in Guatemala, Venezuela, Kolumbien, Peru oder Argentinien. Fast allen war kein anderes Schicksal beschieden als der in Bolivien von Guevara selbst geleiteten. Sein Tod machte endgültig Castros Hoffnung zunichte, die kubanische Revolution exportieren und die »Anden in die Sierra Maestra Lateinamerikas« verwandeln zu können.

Dennoch hat es danach noch weitere Guerillabewegungen in Lateinamerika gegeben. Sie emanzipierten sich von der strik-

»Guevaristische« Guerillas

ten Orientierung am kubanischen Modell, ließen sich aber weiterhin von manchen Ideen und vor allem von dem Leben Che Guevaras inspirieren. Zwei ganz unterschiedliche Formen solcher »Adaptionen« stellen die Bewegungen der Tupamaros in Uruguay und die der Zapatisten in Mexiko dar.

Stadtguerilla in Uruguay

Wenn es nach den Auffassungen Che Guevaras gegangen wäre, hätte es in Uruguay eigentlich gar keine Guerilla geben dürfen. Seit er den Guerillakrieg in den Rang einer Methode erhoben hatte, insistierte er stets darauf, dass die besten Bedingungen für den Aufbau eines erfolgversprechenden Guerillafokus auf dem Land gegeben seien. Von einer Stadtguerilla war bei Guevara nicht die Rede, nur am Rande behandelte er »Guerillaaktionen in den Vorstädten«, die Unterstützungsfunktionen zu leisten hätten. »Vor allem muß festgestellt werden, daß in Stadtrandgebieten keine Guerillaeinheiten im Selbstlauf entstehen.« (AW I, S. 91) Diese Überzeugung basierte nicht zuletzt auf einem von Guevara seit seiner Zeit in der Sierra Maestra gepflegten Ressentiment, die für einen Guerillero notwendige Askese würde durch die Annehmlichkeiten des städtischen Lebens unterminiert.

> »Die Berge [machen] den Bürger und den Bauern zum Proletarier, in der Stadt können selbst Proletarier Bürger werden.« (Régis Debray, *Revolution in der Revolution?*, S. 79 f.)

Keine gute Voraussetzung also für eine Revolution in Uruguay, das im Gegensatz zu allen anderen südamerikanischen Ländern dezidiert städtisch geprägt war. Von den in den sechziger Jahren rund drei Millionen Einwohnern lebten 70 Prozent in den Städten, 45 Prozent allein in der Hauptstadt Montevideo. Das entsprechende Urteil fällte der junge Franzose Régis Debray – in den sechziger Jahren so etwas wie der Hausphilosoph der kubanischen Revolutionäre –, der mit seiner 1966/67 verfassten Schrift *Revolution in der Revolution?* die Gedanken Guevaras zur Guerilla in die Form einer Allgemeingültigkeit beanspruchenden Fokus-Theorie brachte. In Lateinamerika sei Uruguay die Ausnahme, »wo keine Bedingungen für einen sofortigen bewaffneten Kampf bestehen und wo dennoch eine starke und kämpferische Massenbewegung existiert« (Debray 1967, S. 133).

Genau in dieser Zeit machte in Montevideo eine Stadtguerilla

Wirkung

auf sich aufmerksam, die bis zu ihrer Vernichtung 1972 die er-
folgreichste revolutionäre Bewegung des Kontinents war: die
Bewegung der Nationalen Befreiung (MLN). Sie bezeichne-
ten sich selbst auch als Tupamaros, in Anlehnung an den Namen des peruanischen Inkaführers Tupac Amaru, der Ende   **Die Tupa-**
des 18. Jahrhunderts eine Bauernrevolte angeführt hatte und   **maros**
dafür von den spanischen Kolonialherren öffentlich gevier-
teilt wurde.

Die nicht nur in Uruguay außerordentliche Popularität der
Tupamaros, die in ihrer Hochzeit etwa 1 000 Mitglieder zähl-
ten, dürfte verschiedene Gründe gehabt haben. Manche ihrer
Überfälle brachten ihnen den Ruf ein, moderne Robin Hoods
zu sein, etwa wenn sie Lastwagen mit Lebensmitteln »enteig-
neten« und in Armenvierteln abstellten, das Lösegeld für einen entführten Politiker an Kindergärten überweisen ließen
oder nach einem Überfall auf das Casino im noblen Badeort
Punta del Este den Angestellten aus dem erbeuteten Geld den
Arbeitsausfall bezahlten. Die ebenfalls verübten Terrorakte
wie Morde, Entführungen und Bombenanschläge fielen nicht
unter diese Kategorie.

Ein zweiter Grund mag die außerordentliche Präzision gewesen sein, mit der die in Kleingruppen organisierten, parteiun-
gebundenen und strikt konspirativ agierenden Tupamaros zu
Werke gingen, sowohl hinsichtlich der technischen und logis-
tischen Fertigkeiten als auch des Einsatzes von Gewaltmit-
teln. Das verbürgte nicht nur den Erfolg, sondern gewährleis-
tete auch die Fortdauer der Anonymität der Tupamaros. Niemand wusste, wer zu ihnen gehörte oder nicht. Und wenn –
was immer wieder auch geschah – einzelne Tupamaros gefangen genommen oder getötet wurden, schien es ein uner-
schöpfliches Reservoir an Ersatz zu geben, selbst nachdem im
Mai 1970 ein Kreis von Gründungsmitgliedern der MLN verhaftet wurde. Eine unsichtbare, allgegenwärtige Hydra – das
war das Bild, das den Tupamaros lange Zeit den Nimbus der
Unbesiegbarkeit verlieh.

Und nicht zuletzt ist das Pathos der revolutionären Gewalt zu
nennen. Für die Mitglieder der MLN ergab sich ein Legiti-
mitätsvorsprung gegenüber anderen radikalen Gruppen, weil

sie angesichts einer als revolutionär empfundenen oder deklarierten Situation nicht länger warten, diskutieren oder Bündnispartner suchen, sondern endlich in Aktion treten wollten. In einem der wenigen strategischen oder programmatischen Papiere, die die Tupamaros veröffentlicht haben, den *Dreißig Fragen an einen Tupamaro*, wird denn auch der Grundsatz vertreten: »Die Idee, auf der die revolutionäre Aktion selbst beruht, nämlich sich zu bewaffnen, sich auf Aktionen vorzubereiten, die sich gegen die Prinzipien richten, auf die sich die bürgerliche Legalität stützt, dafür gerüstet zu sein und dazu überzugehen, schafft ein revolutionäres Bewußtsein, eine revolutionäre Organisation und revolutionäre Bedingungen.« (zit. n. Labrousse 1971, S. 46) Bei allen Differenzen hinsichtlich der äußeren Bedingungen trifft dies den ideellen Kern von Guevaras Auffassung eines Guerillafokus, wonach man nicht immer warten muss, »bis alle Bedingungen für die Revolution gegeben sind; der aufständische Brennpunkt kann sie schaffen« (AW 1, S. 25) – und zwar durch den Beginn des bewaffneten Kampfes selbst. In dieser Hinsicht gibt es also keine Differenzen zwischen Guevara und den Tupamaros, die in den *Dreißig Fragen* Kuba als ein gelungenes Beispiel für einen Guerillafokus nennen, das sie gleichwohl nicht kopieren wollten. »Wir müssen […] eine neue Strategie ausarbeiten, die sich einer Realität anpaßt, die ganz anders ist als in den meisten amerikanischen Ländern.« (zit. n. Labrousse 1971, S. 54) Ihre Antwort war die Stadtguerilla.

Vgl. S. 79

Und noch in einem anderen wesentlichen Punkt stimmten die Tupamaros mit Guevara explizit überein, auch wenn ihr Name – Bewegung der Nationalen Befreiung – hier irreführend ist. Sie verstanden ihre Stadtguerilla als »Teil einer kontinentalen Strategie, deren Ziel es ist, ›zahlreiche Vietnams‹ zu schaffen, so daß es den *Interventionisten* nirgendwo an Arbeit fehlen wird« (zit. n. Labrousse 1971, S. 56). Sie spekulierten durchaus darauf, dass ihre Aktivitäten eine Staatskrise herbeiführen könnten, die die großen Nachbarstaaten Argentinien oder Brasilien, wenn nicht gar die USA zum Eingreifen verleiten würden.

Dass viele der Tupamaros die Persönlichkeit Che Guevaras als

Wirkung

Vorbild im Guerillakampf betrachteten, davon zeugen nicht nur die Äußerungen ehemaliger Tupamaros nach dem Ende der Militärdiktatur in Uruguay 1985. Für eine ihrer spektakulärsten Aktionen, die kurzfristige Besetzung der Stadt Pando, wählten sie den zweiten Todestag von Che Guevara.

> »Jetzt klingt durch ganz Lateinamerika der Schrei,
> Daß unsre Freiheit immer näher rückt,
> Denn unsre Völker glauben fest daran:
> Der Weg ist vorgezeichnet, Che hat ihn uns gezeigt.«
> (Strophe aus »Der Weg ist vorgezeichnet«, Lied des Tupamaros
> Jorge Salerno; in: Labrousse 1971, S. 119)

Die Erfolge der Tupamaros ließen auch jenseits des Atlantiks aufhorchen. Im Oktober 1969 lag dem von Hans Magnus Enzensberger herausgegebenen, in der westdeutschen Linken einflussreichen *Kursbuch* ein »Kursbogen« zu den Tupamaros bei, in dem über ihre »gelungensten« Aktionen und über eine neue Strategie in der Stadtguerilla berichtet wurde. In den folgenden beiden Jahren erschienen einige Bücher über die Tupamaros – etwa von Carlos Núñez, Alex Schubert oder Alain Labrousse –, und auch Régis Debray meldete sich zu Wort. Selbstkritisch gestand er einen gewissen Schematismus der »guevaristischen« Fokus-Theorie ein und behauptete nun in einem Aufsatz mit dem sprechenden Titel »Was wir von den Tupamaros lernen können«, dass sich die »wirkliche Revolution in der Revolution« in Uruguay abgespielt habe, »jedoch in einer unerwarteten Form, nämlich in Gestalt der Stadtguerilla« (Debray 1972, S. 144 f.).

Während die meisten noch über die Bedeutung der Tupamaros diskutierten, hatten einige schon damit begonnen, sich an ihren praktischen Beispielen zu orientieren: In Berlin entstanden Ende 1969 die Tupamaros Westberlin (TW) um Dieter Kunzelmann, die ihr eigenwilliges Verständnis von Internationalismus in einer ihrer ersten Aktionen dokumentierten, als sie aus Solidarität mit dem palästinensischen Volk am 9. November 1969 eine Brandbombe im Jüdischen Gemeindezentrum in West-Berlin deponierten. Was im »Kursbogen« als

Westdeutsche
Tupamaros

größte Leistung der uruguayischen Tupamaros verklärt wurde – »es gibt keine einzige Operation dieser Bewegung, die von den Massen nicht sofort verstanden worden wäre« –, traf auf die westdeutschen Epigonen nicht zu. Dennoch wurde eine weitere Filiale gegründet: die Tupamaros München (TM) um Fritz Teufel. Und im April 1971 veröffentlichte die Rote Armee Fraktion (RAF) um Andreas Baader, Gudrun Ensslin und Horst Mahler das erste politische Manifest dieser Gruppe: »Das Konzept Stadtguerilla«, das sich allerdings explizit mehr auf Mao Tse-tung als auf die Tupamaros bezieht.

Eine andere Guerillabewegung, die Che Guevara zu ihren Vorbildern zählt, ist die in Mexiko agierende Zapatistische Armee der Nationalen Befreiung (Ejército Zapatista de Liberación Nacional – EZLN). Paradoxerweise verdanken sich ihre Popularität und ihr Fortbestehen nicht zuletzt dem Umstand, dass sie sich von nahezu allen zentralen Bestandteilen der »guevaristischen« Fokus-Theorie verabschiedet hat.

Der Aufstand der Zapatisten Am 1. Januar 1994 besetzten mehrere hundert maskierte und bewaffnete Zapatisten einige Bezirksstädte in Chiapas, einer im äußersten Südosten Mexikos gelegenen Provinz. In einer am folgenden Tag verlesenen Erklärung verkündeten sie, die fortdauernde Unterdrückung und Verelendung vor allem der indianischen Bevölkerung nicht länger hinnehmen zu wollen. Ihren Aufruf, in die Hauptstadt zu marschieren, das Bundesheer zu schlagen und den Präsidenten Carlos Salinas zu stürzen, beantwortete die Regierung ebenso prompt wie unerbittlich: mit der Entsendung einiger tausend Soldaten, mit Bombardements und der willkürlichen Hinrichtung gefangener Aufständischer oder vermeintlicher Sympathisanten der Zapatisten. Nach wenigen Tagen mussten sich die Kämpfer der EZLN in die schwer zugänglichen Berge des lakandonischen Urwalds zurückziehen.

Damit hätte der zapatistische Aufstand eine der vielen blutigen Episoden in Lateinamerika bleiben können. Doch die militärische Niederlage der EZLN verwandelte sich unversehens in einen politischen Erfolg: Angesichts des brutalen Vorgehens der Armee demonstrierten am 12. Januar in der Hauptstadt 100 000 Menschen gegen den Krieg in Chiapas. Zwar lehnte die Mehrzahl der Demonstranten das Mittel des bewaffneten Kampfes ab, hielt aber die Anliegen der Aufständischen für gerechtfertigt. Der massive Protest veranlasste Präsident Salinas, noch am gleichen Tag einen einseitigen Waffenstillstand zu verkünden und ein Amnestieangebot für alle Aufständischen zu unterbreiten, die sich ergeben und ihre Waffen abliefern würden. Die Zapatisten lehnten dies ab, leiteten aber einen radikalen Strategiewechsel ein, der bis heute Gültigkeit hat. Sie verzichteten fortan auf die Eroberung der Staatsmacht, auf den bewaffneten Kampf als Mittel zur Durchsetzung ihrer politischen Ziele sowie auf jeden Avantgardeanspruch. Vielmehr sei es die Aufgabe der »Zivilgesellschaft«, wie sie sich auf der Demonstration am 12. Januar 1994 artikuliert habe, die Werte von Demokratie, Freiheit und Gerechtigkeit für alle Mexikaner zu diskutieren und schrittweise zu realisieren.

> »Vor 30 Jahren träumte der Che den Traum von einer veränderten, neuen, besseren Wirklichkeit. Den Traum der Rebellion. [...] Der Traum, der uns heute zusammenführt, ist gleichzeitig Bruch und Kontinuität des Traums von Che Guevara [...]. Brüder und Schwestern aus Amerika: Die große weltweite Macht hat noch nicht die Waffe gefunden, um die Träume zu zerstören. Solange sie diese nicht gefunden hat, werden wir weiterträumen, das heißt, werden wir weitersiegen ...« (Subcomandante Marcos im April 1996; zit. n. Mittelstädt/Schulenburg 1997, S. 134 ff.)

Gleichzeitig beharrten die Zapatisten auf ihrem Guerillastatus – klandestine Organisation, Bewaffnung, Maskierung –, zum Teil, um sich vor staatlicher Verfolgung zu schützen, zum Teil, um mit ihrer durchaus vorhandenen Machtstellung in Chiapas soziale Räume zu schaffen und abzusichern, in denen sich sowohl die Bedürfnisse und Interessen der indigenen Bevölkerung äußern können wie auch ein Dialog mit anderen Teilen der mexikanischen Gesellschaft sowie ausländischen Unterstützern stattfinden kann. Ein Beispiel für Letzteres stellte etwa der von den Zapatisten organisierte Nationale De-

Diskursguerilla: Der Nationale Demokratische Konvent der Zapatisten im lakandonischen Urwald, August 1994

mokratische Konvent (CND) dar, zu dem sich im August 1994 mehr als 6 000 Teilnehmer im lakandonischen Urwald einfanden, um an drei Tagen über die Zukunft der Demokratie in Mexiko zu debattieren.

Die Begriffe Gerechtigkeit, Freiheit, Demokratie, die Hervorhebung der Rolle der Zivilgesellschaft und des Dialogs, die Betonung des Rechts auf Würde, der Notwendigkeit des Respekts vor dem anderen und der Anerkennung kultureller Differenzen – all dies hat dazu beigetragen, dass die Zapatisten auch als postmoderne oder »Diskursguerilla« (Anne Huffschmid) bezeichnet wurden. So problematisch solche Zuschreibungen sind, weil sie im Kontext europäischer Diskussionen als bloße Diskursstrategie missverstanden werden können, so unzweifelhaft ist aber auch: Mit einer Guerilla »guevaristischer« Provenienz hat die EZLN nichts mehr zu tun. Und doch gibt es – außer der Tatsache, dass die Zapatisten sich neben Simón Bolívar und dem mexikanischen Revolutionär und Namensgeber ihrer Bewegung, Emiliano Zapata, auch auf Che Guevara berufen und zu seinem Todestag alljährlich ein kleines Fest veranstalten – zwei Aspekte, die die zapatistische Bewegung als Erbe Che Guevaras erscheinen lassen.

Da ist zum einen die charismatische Figur ihres Sprechers und militärischen Führers, des Subcomandante Marcos. Wie alle anderen Zapatisten trat auch Marcos von Anfang an nur maskiert in der Öffentlichkeit auf. Wer sich hinter der »pasamontaña«, der wollenen Skimütze, verbarg, war lange Zeit ein Rätsel. Aus den wenigen Andeutungen von ihm war nur zu erfahren, dass er kein Indio war, sondern ein Mestize aus der Hauptstadt, ein Intellektueller, der sich 1984 in den lakandonischen Urwald aufgemacht hatte, um dort mit Gleichgesinnten eine revolutionäre Guerilla aufzubauen. Er selbst versteht sich nicht als Anführer der Rebellen, sondern als deren Sprecher im wörtlichen Sinne, als Sprachrohr der Bewegung, als Übersetzer und Vermittler zwischen der spanischen und indianischen Welt. Dennoch war er von Anfang an mehr als bloßes Medium. Seine Sprachmächtigkeit, in der sich Schlagfertigkeit und intellektueller Scharfsinn mit poetischen Bildern, Humor und Ironie verbinden, sowie sein ausgeprägter Sinn für propagandistische Effekte und die Fähigkeit, politische Ziele in gängige Losungen zu verdichten – »Ya Basta! (Es reicht!)«, »Für alle alles, für uns nichts« etc. –, haben ihn schnell zur Verkörperung der zapatistischen Bewegung werden lassen, die ihre Popularität zu nicht geringen Teilen seiner Person verdankt.

Der »poetische Rebell« ohne bürgerliche Identität, dafür stets in Kampfmontur mit umgehängten Patronengurten, wurde bereits wenige Wochen nach Beginn des zapatistischen Aufstandes zur Kultfigur in der mexikanischen Gesellschaft, dessen »Porträt« auf Feuerzeuge und T-Shirts, Mützen und Kondome gedruckt wurde. Nicht nur hinsichtlich der Vermarktung konnte es Marcos mit Che Guevara aufnehmen. Der »maskierte Mythos« (Huffschmid 1995) wurde zur Projektionsfläche unterschiedlichster Phantasien: religiöser, politischer, romantischer und nicht zuletzt sexueller Art. »Tatsächlich fällt es schwer, in Marcos nicht einen wiedergeborenen, zeitgemäßen ›Che Guevara‹ zu sehen – weniger utopisch in seinen Ansichten, weniger gewalttätig, aber ebenso idealistisch und bereit, für seine Überzeugungen zu kämpfen.« (Anderson 2002, S. 679) Obwohl die »Marcos-Manie« im Laufe der Jahre abgeebbt ist und Präsident Salinas Anfang Februar

Subcomandante Marcos

Wirkung

1995 behauptete, hinter der Maske verberge sich niemand anderes als der ehemalige Soziologie- und Journalistik-Student Rafael Guillén Vicente (was Marcos bestritt), hat der Subcomandante seine mythischen Qualitäten bis heute behalten.

Neben diesem gleichsinnigen »Personenkult« gibt es noch einen weiteren verbindenden Aspekt, der die Zapatisten als legitime Nachfahren Che Guevaras erscheinen lässt. Sie sorgten für eine Wiederbelebung eines für Guevara zentralen Politikfeldes: des Internationalismus. Der Zeitpunkt für den Beginn des zapatistischen Aufstandes war von den Protagonisten mit Bedacht gewählt worden. Am selben Tag, dem 1. Januar 1994, trat das Freihandelsabkommen zwischen Mexiko, den USA und Kanada (NAFTA) in Kraft. Während dieses Abkommen für die mexikanische Regierung die Krönung ihrer »progressiven« Wirtschaftspolitik bedeutete und den Eintritt ihres Landes in die Erste Welt symbolisierte, präsentierten die Zapatisten in Chiapas die Verlierer ebendieser Politik, den von der Gesellschaft ausgeschlossenen und vergessenen indigenen Teil der mexikanischen Bevölkerung. Ihre Ausgrenzung war in den Augen der Zapatisten der Preis der »neoliberalen« Modernisierungspolitik der Regierung. Wie anfänglich bewusst auch immer – indem die EZLN diesen Zusammenhang explizit formulierte, wurde ihr Aufstand zu einem entscheidenden Beitrag für das, was wenige Jahre später Antiglobalisierungsbewegung hieß.

In der internationalen, zum Teil euphorischen Rezeption der zapatistischen Ideen drückt sich wohl die Hoffnung aus, der »Kultur des Widerstandes« (Manuel Vázquez Montalbán) eine neue, postkommunistische Form geben zu können, das heißt, im weitgehenden Verzicht auf Gewaltanwendung das Pathos der Revolution retten zu können. Das mag wenigstens

Vgl. »Internationalismus«, S. 82 ff.

Antiglobalisierungsbewegung

»Wenn die Metapher des Indianers als der Globalisierte im Angesicht des Globalisierenden in der Welt verbreitet werden würde, dann würde der Zapatismus die erste politische Referenz des 21. Jahrhunderts darstellen.« (Manuel Vázquez Montalbán, *Marcos. Herr der Spiegel*, S. 186 f.)

zum Teil verständlich machen, warum gerade eine Guerillabewegung, die mit allen Prämissen des Guevarismus gebrochen hat, in Europa zu einer Renaissance des Interesses an Che Guevara geführt hat.

Eine Triebfeder politischer Radikalisierung

Zwei Ereignisse haben entscheidend dazu beigetragen, Guevaras Ideen nicht nur in Lateinamerika, sondern auch in Westeuropa Gehör zu verschaffen: dass er 1957/58 an Fidel Castros Seite den kubanischen Diktator Fulgencio Batista verjagte und dass er am 9. Oktober 1967 im bolivianischen Dorf La Higuera erschossen wurde.

Jorge Castañeda meint, der Tod Che Guevaras habe seinem Leben einen Sinn gegeben. Einiges spricht dafür, dass Guevara dies in seinen letzten Monaten ebenso gesehen hat. Für die rebellierende Jugend jenseits des Atlantik, in den westeuropäischen Großstädten, stand das jedenfalls außer Frage. Mehr noch: Das Ereignis im fernen Bolivien machte aus einer bis dato

> »Die argentinischen Studenten, die ihr Wohnheim in der *cité universitaire* von Paris besetzten, gaben ihm den Namen Che Guevaras, aus demselben Grund, aus dem es den Dürstenden zur Quelle und den Mann zur Frau drängt.« (Julio Cortázar 1969; zit. n. Castañeda 1998, S. 488)

nur rudimentär bekannten Biographie geradezu ein Paradigma für ein sinnerfülltes Leben. Die Nachricht von Che Guevaras Tod traf in einem Moment ein, als die Ideen, die er proklamiert und für die er gekämpft hatte, die Diskussionen der nichtkommunistischen Linken dominierten. Ohne Berücksichtigung dieser Übereinstimmung ist nicht erklärlich, warum Che Guevara innerhalb kürzester Zeit zur Symbolfigur der Studentenrevolte aufsteigen konnte. Wie sehr seine Visionen den Nerv des studentischen Protestes trafen, ihn beflügelten und radikalisierten, lässt sich am Beispiel der außerparlamentarischen Opposition (APO) in der Bundesrepublik Deutschland zeigen.

Studentenbewegung in der Bundesrepublik

Eine Hauptrolle spielte dabei ein Themenfeld, das mit den Stichworten Entkolonialisierung, Internationalismus und Antiimperialismus umschrieben werden kann. Die kubanische Revolution, der algerische Unabhängigkeitskampf und der immer heftiger tobende Krieg in Vietnam hatten in den

sechziger Jahren einen alten politischen Traum wiederbelebt,
allerdings in neuer Gestalt: die Idee einer Weltrevolution, die
aber nicht mehr von Paris oder Moskau ausgehen sollte, sondern von den Befreiungsbewegungen in Lateinamerika,
Afrika und Asien (kurz Trikont genannt). Theoretisch fun-
diert durch Frantz Fanons 1966 auch auf Deutsch erschienene
Schrift *Die Verdammten dieser Erde* und politisch vorangetrie-
ben von der Regierung in Havanna, wo 1966 die Konferenz
Tricontinentale stattfand und 1967 die Organisation für Lateinamerikanische Solidarität (OLAS) gegründet wurde, fand
diese Revolutionsvorstellung auch in der APO immer mehr
Anhänger. Und niemand anderes als Che Guevara verschaffte
ihr den Schlachtruf: »Schaffen wir zwei, drei, viele Vietnam!«
Diese Parole war Teil der Grußadresse, die er aus dem bolivianischen Dschungel im April 1967 an die in Havanna tagende
OLAS gerichtet hatte. Kaum war sie bekannt geworden,
machte sich Rudi Dutschke, führender Kopf im Sozialistischen Deutschen Studentenbund (SDS), zusammen mit seinem aus Chile stammenden Freund Gaston Salvatore an die
Übersetzung. Dieser Text, unter dem Titel *Botschaft an die
Völker der Welt* veröffentlicht, machte Che Guevara – von
dem bislang gerade einmal zwei, wenn auch wichtige Artikel
(damals unter den Titeln »Der Partisanenkrieg – eine Methode« und »Mensch und Sozialismus auf Kuba« publiziert)

Wirkung

auf Deutsch vorlagen – mit einem Schlag in Deutschland berühmt.

Die nahezu zeitgleich eintreffende Nachricht von seinem Tod in der bolivianischen Guerilla verlieh Guevaras Forderungen nach praktischer Solidarität eine enorme moralische Autorität. Hatte er nicht selbst zuerst seinen Ministerposten und schließlich sogar sein Leben geopfert, um an der Seite der unterdrückten Völker für deren Befreiung zu kämpfen? So wenigstens wurde es im SDS wahrgenommen, der damals in der westdeutschen Linken den Ton angab. Entsprechend fielen die Reaktionen aus. Der Schriftsteller Peter Weiss ließ in seinem Nachruf »Che Guevara!« keine Zweifel daran, dass das Ausrufezeichen hinter dem Titel nicht als Anrufung eines Toten, sondern als Aufforderung gemeint war, dessen Beispiel zu folgen. Guevara habe mit seinem Selbstopfer gezeigt, dass es »das einzig Richtige ist, ein Gewehr zu nehmen und zu kämpfen«. Ob die deutschen Studenten nun auch zur Waffe greifen sollten, und wenn ja, wo, das hielt Weiss in der Schwebe. Jedenfalls war für ihn klar: »Unsere Aktionen gegen den Angriffskrieg der USA in Vietnam […] haben nun die Grenzen des friedlichen Protestes erreicht. […] Wir müssen zu anderen Mitteln greifen.« Andernfalls mache man sich »mitschuldig an jedem Mord, der in der Ferne begangen wird an denen, die den Kampf gegen das Unrecht führen.« (Weiss 1968, S. 94 ff.) Eine so formulierte moralische Verpflichtung hatte einiges Gewicht bei einer Protestgeneration, die ihren Vätern vorwarf, bei den Verbrechen gegen die Juden während des Nationalsozialismus weggeschaut zu haben.

Peter Weiss stand mit seiner Forderung nach radikaleren Mitteln des Protestes keineswegs allein. Am Tag bevor Fidel Castro den Tod Che Guevaras offiziell bestätigte und die Linke daran noch nicht glauben wollte, hatte der SDS in West-Berlin ein Flugblatt verteilt, in dem gedroht wurde: »Sollte Che wirklich im Kampf gegen die Konterrevolution fallen, so kann das für uns eine Aufforderung sein, unsere direkten Aktionen gegen den amerikanischen Imperialismus und seine westdeutschen Bundesgenossen zu verschärfen.« (zit. n. Dutschke 1998, S. 149) Was mit Verschärfung genau gemeint

Che Guevara als moralische Autorität

war, ließ man bewusst offen. Guevaras Schicksal schien jedoch Anlass genug für eine politische Radikalisierung zu bieten. Schließlich war er es gewesen, der in seiner *Botschaft an die Völker der Welt* den unversöhnlichen Hass auf den imperialistischen Feind gepredigt hatte. Rudi Dutschke, der die Schrift herausgab, warnte ihre Leser im Vorwort: »Die Gefahr des Umschlags von militantem Humanismus in verselbständigten Terror wohnt jeder Form des Hasses inne.« (zit. n. Dutschke 1998, S. 148) Diese Dialektik erlaubte es, die Anwendung von Gewalt bei Bedarf als revolutionär zu rechtfertigen oder als terroristisch zu stigmatisieren.

Vgl. S. 84 f.

Militanter Humanismus

Militanter Humanismus – das war die weitverbreitete Formel, mit der die APO die Ideen und das Leben Che Guevaras interpretierte. Das zeigte sich auch auf einem anderen, zunächst akademisch anmutenden Feld. Durch Herbert Marcuse, einen der wichtigen Stichwortgeber der westdeutschen Studentenbewegung, waren die Werke des jungen Marx und dessen darin formulierter naturalistischer Humanismus verstärkt rezipiert worden. Die Aufhebung der Entfremdung – zentrale Kategorie in den Marx'schen Frühschriften und seit jeher das Ziel der marxistischen Emanzipationstheorie – sollte unter Berufung auf Che Guevara mit militanten Mitteln erreicht werden. Die Negation des Privateigentums und der kapitalistischen Produktionsverhältnisse war durch die Vernichtung des Individualismus zu vervollständigen. Sven Papcke, ein junger Dozent an der Universität Bochum und Herausgeber einer Sammlung von Reden und Aufsätzen Guevaras, forderte eine neue Anthropologie. Guevaras Traum von einem neuen, nicht entfremdeten Menschen sei nur

»Guevara verlagert die Revolution aus der Begrifflichkeit in die Aktion.« (Sven Papcke, »Positive Entfremdung«, S. 137)

mit Hilfe »progressiver Gewalt« zu realisieren. »›Um dem Menschen die wirkliche Chance des Überlebens zu geben, muß man ihn töten‹ [Guevara]; Destruktion als neuer Anfang, Haß als negative Energie, um den ›friedlichen Völkermord‹ gewaltsam zu beenden.« Die Formel dafür lieferte er gleich mit: »Brandstiftung *als* neuer Friede.« (Papcke 1969, S. 153 und 160)

Es gab noch eine weniger dialektische, dafür aber wesentlich wirkmächtigere Version, den neuen Menschen zu verwirklichen. Sie hielt sich an Guevaras Maxime »Es gibt kein Leben außerhalb der Revolution«. Das verlangte nicht nur den unermüdlichen Einsatz von Zeit und Energie für politische Aktivitäten, sondern beanspruchte, die für die bürgerliche Gesellschaft konstitutive Unterscheidung von Privatheit und Politik in neuen Lebensformen aufzuheben. Kommunen entstanden, dauerhafte Zweierbeziehungen waren verpönt, und Reimut Reiches *Sexualität und Klassenkampf* wie auch Herbert Marcuses *Triebstruktur und Gesellschaft* wurden zu Bestsellern. Das hatte zwar nichts mit Guevaras heroischer Askese zu tun, konnte aber mit dem Slogan »Alles Private ist politisch« zumindest noch von der von ihm ausgehenden Aura profitieren: Es verhalf zu einer Intensität des täglichen Lebens unter dem Primat des Politischen (oder Politisierten), von der viele 68er-Veteranen heute immer noch schwärmen, auch wenn sie sonst keine der damaligen politischen Ideen mehr vertreten.

Neue Lebensformen

Che Guevara hat die romantischen Phantasien nicht nur einer protestierenden Generation beflügelt. Sein Aussehen – überliefert zumeist in Form der berühmten Fotografie von Alberto Korda, die ihn mit Baskenmütze zeigt, der Blick hart und sehnsüchtig zugleich – hat gewiss nicht wenig zur Verklärung beigetragen. Es versinnbildlichte zugleich eine ganz andere Art von Sozialismus oder Kommunismus: jugendliche Militanz, stets in Kampfmontur, statt der biederen alten Herren aus dem Kreml oder dem Ost-Berliner Politbüro in ihren immer gleichen, unauffällig grauen Anzügen.

Romantische Verklärung

Dieser Unterschied spiegelte sich auch in der Sprache wider. Um Che Guevara zu verstehen, bedurfte es nicht der Kunst, zwischen den Zeilen lesen zu können. Bei ihm gab es keine bürokratischen, stereotypen Redewendungen. Seine Formulierungen waren einfach, klar, undiplomatisch, rücksichtslos. Manche waren so plakativ wie das Korda-Foto und wurden genauso ausgestellt, etwa während des legendären Vietnam-Tribunals in der Technischen Universität Berlin 1968, als hinter dem Podium ein riesiges Transparent mit der Losung Che Guevaras prangte: »Die Pflicht eines Revolutionärs ist es, die Revolution zu machen«. Und immer wieder war seine zum

Teil gewalttätige, brutale Sprache durchsetzt mit geradezu träumerischen Wendungen – »Seien wir realistisch, versuchen wir das Unmögliche« oder »Solidarität ist die Zärtlichkeit der Völker« –, in denen das Pathos der Revolution eingefangen wurde und die eine romantische Verklärung revolutionärer Gewalt ermöglichten. Das macht zumindest annäherungsweise den irritierenden Umstand erklärlich, warum gerade eine sich antiautoritär verstehende Protestbewegung einen Mann zur Ikone erhob, der in seinen Reden und Schriften nicht müde wurde, Kampf und Gewalt, Disziplin und Askese zu verherrlichen.

Sinnerfülltes Leben Und noch ein anderes Moment trug dazu bei, dass Che Guevara zum Idol der Studentenrevolte aufsteigen konnte. Der, der ausgezogen war, die Welt zu revolutionieren, war in gewisser Hinsicht einer von ihnen: ein junger Weißer aus gutem Hause, der es in kaum mehr als zehn Jahren vom vagabundierenden Abenteurer zur Verkörperung des Revolutionärs gebracht hatte, dem es gelungen war, mit einer Handvoll Mitstreiter einen Diktator zu stürzen, der als Autodidakt die Wirtschaft eines Landes dirigiert hatte und als Bürgerschreck vor der UNO aufgetreten war. Das war eine Biographie, die bewies, dass nichts unmöglich war, wenn man das Schicksal in die eigenen Hände nahm. Da war der Tod im Dschungel noch das Ausrufezeichen hinter einem sinnerfüllten Leben.

Che Guevara hat die Studentenrevolte nicht hervorgebracht, aber von einem bestimmten Zeitpunkt an maßgeblich inspiriert und radikalisiert. Das gilt für die theoretischen Diskussionen ebenso wie für den militanten Protest. Vor allem aber hat er die Phantasie der rebellischen Jugend beflügelt, indem sein Leben die akademischen Formeln der »konkreten Uto-

»Was uns Che zu sagen hatte, ließ eine Radikalität unserer eigenen Praxis notwendig und folgerichtig erscheinen. [...] Wir haben uns nicht mit Ches Schriften als theoretische Diskurse auseinandergesetzt, denn es gab nichts mehr zu diskutieren, die Verhältnisse waren klar.« (Inge Viett, Mitglied der »Bewegung 2. Juni« und der RAF 1997; *Internationale Che-Guevara-Konferenz* 1998, S. 36)

Demonstration gegen den Einsatz amerikanischer Truppen in Vietnam, Berlin 1971

pie« (Ernst Bloch) und der »Heimat ohne Grenzstein« (Theodor W. Adorno) für sie sinnfällig machte. Für nahezu alle Fraktionen der Studentenbewegung wurde Che Guevara zum Bezugspunkt: für die Theoriezirkel des SDS ebenso wie für die »Haschrebellen« oder die späteren Terroristen der Roten Armee Fraktion (RAF).

Die Person Che Guevara verkörperte wie keine zweite den Zeitgeist von 1968 in der Bundesrepublik. Natürlich gab es auch ganz andere Stimmen, die in Guevara den »roten Pyromanen« *(Der Spiegel)* sahen und seinen Tod mit Erleichterung zur Kenntnis nahmen. Solche Auffassungen hatten aber keinen Einfluss auf Guevaras Rezeption durch die Linke. Die dominierte eindeutig der SDS, was einen »Glücksfall« für die Verbreitung von Guevaras Ideen darstellte. Stark antiamerikanisch ausgerichtet und ständig die Vokabeln sozialistisch und marxistisch im Munde führend, hielt der SDS doch eine gewisse Distanz zum Parteikommunismus, zumindest dem sowjetischer Prägung. Für den SDS – wie für Guevara – hatten sich die sozialistischen Staaten den Befreiungsbewegungen der Dritten Welt »unterzuordnen«, indem sie sich zur Solida-

Die Bedeutung des SDS

rität verpflichteten. Das heißt, in der Bundesrepublik konnte
Che Guevara nur deshalb zur Symbolfigur der Studentenbe-
wegung werden, weil es hier keine starke kommunistische
Gruppierung mit sowjetischer Ausrichtung gab, die seinen
Heldenstatus wie in der DDR begrenzt hätte.

Welche eminente Rolle der SDS bei der Popularisierung Che
Guevaras gespielt hat, zeigte sich nach der Auflösung des Stu-
dentenbundes 1969, als ein Teil seiner Mitglieder den langen
Marsch durch die Institutionen antrat und sein Glück in der
von Willy Brandt geführten sozial-liberalen Koalition suchte,
ein anderer Teil sich in der neu gegründeten DKP oder diver-
sen kommunistischen Splitterparteien organisierte: Mochte
Guevaras Bild auch noch präsent bleiben, die Diskussion um
ihn verebbte merklich. Selbst bei denjenigen, die für sich re-
klamierten, den radikalen Gestus der Studentenbewegung in
revolutionäre Praxis umzusetzen, und mit der alten SDS-For-
derung nach der »Urbanisierung ruraler Guerillatätigkeit«
(Hans-Jürgen Krahl) Ernst machten, spielte der Bezug auf
Che Guevara nur noch implizit eine Rolle. Für die RAF etwa
wurden nunmehr eher die Stadtguerilla der Tupamaros aus
Uruguay zum praktischen Vorbild und die Schriften Mao
Tse-tungs zum theoretischen Rüstzeug.

Kritische   Mitte der siebziger Jahre artikulierte sich erstmals eine grund-
Stimmen   legende Kritik aus dem undogmatischen linken Lager, für das
Che Guevara bis dahin sakrosankt gewesen war. Günter
Maschke etwa warf in seiner *Kritik des Guerillero* dem »Gue-
varismus« vor, er sei theoretisch wie praktisch die »Verfalls-
stufe der Lehren vom Befreiungskampf« (Maschke 1973,
S. 14). In seinem 1975 auf Deutsch erschienenen Buch *Kritik
der Waffen* verabschiedete sich dann auch der Schöpfer der
Fokus-Theorie und Begleiter Che Guevaras in Bolivien, Régis
Debray, von der Vorstellung, den bewaffneten Kampf von der
Dritten Welt in die Metropolen tragen zu können. Nach dem
Deutschen Herbst 1977 war Guevaras Radikalismus endgültig
aus der Mode gekommen und überlebte im Wesentlichen in
den Erinnerungen derjenigen, die mit seiner Hilfe zehn Jahre
zuvor die Weltrevolution hatten bewerkstelligen wollen. Und
dabei sollte es bis Mitte der neunziger Jahre bleiben.

Für das geschwundene Interesse an Che Guevara mag auch bezeichnend sein, dass die wenigen Bücher, die noch über ihn erschienen – etwa die Biographie seines Vaters *Mein Sohn Che* oder die bis heute einzige umfassende theoretische Würdigung, Roberto Massaris *Che Guevara. Politik und Utopie* –, in Deutschland in linken Kleinstverlagen veröffentlicht wurden. Diesem Befund widerspricht auch nicht die verdienstvolle Arbeit von Horst-Eckart Gross, der 1990 mit der Herausgabe der *Ausgewählten Werke* im Pahl-Rugenstein Verlag begann und so die verstreut publizierten und längst vergriffenen Schriften Che Guevaras wieder zugänglich machte.

Mitte der neunziger Jahre kam es in Deutschland dann zu einer unvermuteten Renaissance, die wohl hauptsächlich durch den Aufstand der Zapatisten in Mexiko ausgelöst wurde, in deren Führer, dem Subcomandante Marcos, viele einen Wiedergänger Che Guevaras sehen wollten. 1997 erschienen fast gleichzeitig drei umfangreiche Che-Biographien von Jon Lee Anderson, Jorge Castañeda und Paco Ignacio Taibo II, die inzwischen mehrfach neu aufgelegt wurden und ein anhaltendes Interesse an Guevara – zumindest an seiner Person – dokumentieren, auch nachdem es um die Zapatisten wieder stiller geworden ist. Ein Grund hierfür könnte die Ende der neunziger Jahre entstandene globalisierungskritische Bewegung sein, die eine neue Form des Internationalismus darstellt und deren Protestdemonstrationen zum Teil militante Formen angenommen haben. Obwohl Che Guevaras Porträt bei diesen Gelegenheiten wieder in einem politischen Zusammenhang öffentlich präsentiert wird, ist, anders als Ende der sechziger Jahre, bislang noch niemand auf den Gedanken gekommen, seine Ideen in die Praxis umzusetzen.

Renaissance

Vgl. S. 121 ff.

Che als Projektionsfläche

Bald 40 Jahre sind seit dem Tod Che Guevaras vergangen. Sein Leben und Sterben, seine Reden und Schriften haben in dieser Zeit unzählige Menschen in den verschiedensten Regionen der Welt in ihrem politischen Denken und Handeln beeinflusst. Sieht man einmal von Kuba ab, so gibt es heute aber kaum noch Menschen oder Parteien, die in seinem Na-

»Mythos Che«

men und mit seinen Ideen Politik betreiben. Im Feld des Politischen scheint Che Guevara antiquiert, einer anderen Zeit angehörig, mit der gemeinsam er vergangen ist. Und doch zeigen das millionenfach verbreitete Porträt und die hohen Auflagen der Bücher über ihn, dass auch heute noch ein großes Interesse an seiner Person besteht.

Die Frage, warum dies so ist, mit dem Hinweis auf den »Mythos Che« beantworten zu wollen, heißt, die Frage nur noch einmal stellen zu müssen. Denn der Mythos ist eine spezifische Projektionsfläche gerade jener Interessen und Sehnsüchte, Wünsche und Hoffnungen, nach denen gefragt wurde. Vielleicht können aber gerade deshalb Stilisierungen, die heute mit dem »Mythos Che« verbunden sind, Auskunft darüber geben, warum dieser Mann nach wie vor eine große Faszination auf viele Menschen ausübt. An vier solcher Stilisierungen soll das nachstehend versucht werden: an dem berühmten Korda-Porträt, an der Selbstcharakterisierung als Don Quichotte, an dem Wort vom »Christus mit der Knarre« und an der Idealisierung als vollkommener Mensch.

Das Korda-Porträt Am 4. März 1960 explodierte im Hafen von Havanna der mit Waffen und Munition beladene Frachter »La Coubre«. Als der Fotograf Alberto Korda am nächsten Tag während der Trauerfeierlichkeiten für die Opfer dieses Unglücks auch einen Schnappschuss von Che Guevara machte, konnte er nicht ahnen, dass dieser zum meistreproduzierten Foto der Geschichte werden würde. Es dauerte jedoch noch sieben Jahre, bis dieses Porträt berühmt wurde. Der linksradikale italienische Verleger Giangiacomo Feltrinelli hatte es 1966 bei einem Kuba-Besuch im Atelier des Fotografen gefunden und nach Europa mitgenommen. Nachdem im Oktober des folgenden Jahres der Tod von Che Guevara gemeldet wurde, ließ Feltrinelli Tausende von Abzügen dieses Fotos in Plakatgröße anfertigen und an protestierende Studenten verteilen. Auf den Demonstrationszügen mitgeführt, in den Studentenwohnungen als Poster an die Wand gehängt, gehörte das Foto von nun an zum festen Bestandteil der 68er-Bewegung.

Ihr Niedergang hat der massenhaften Verbreitung des Porträts

Alberto Korda
mit dem Foto,
das ihn berühmt
machte

nichts anhaben können. Im Gegenteil. Mehr als 30 Jahre später ist die Zahl der Produkte, auf denen es prangt, unüber-
schaubar geworden: Tassen, T-Shirts, Uhren, Aufnäher, Ta-
schen, Bier- und Weinflaschen, Tabaksorten etc.; Fußballidol
Diego Maradona und Boxweltmeister Mike Tyson haben sich
das Konterfei Guevaras gar tätowieren lassen. Die Verärge-
rung über die Kommerzialisierung Che Guevaras bei denjenigen, die mit ihm mehr verbinden als einen Modeartikel, ist
verständlich, wenn sich auch Stars wie Robbie Williams oder
Johnny Depp gern einmal mit Che-Accessoires in der Öffentlichkeit zeigen und selbst Autoverleiher oder Telekommuni-
kationsfirmen mit seinem Porträt werben. Deshalb hat Guevaras Tochter Aleida im Juni 2003 rechtliche Schritte an-
gekündigt, um den fortgesetzten Missbrauch des Bildnisses
ihres Vaters zu Werbezwecken zu unterbinden.

Dass sich das Porträt Che Guevaras weiterhin – in Zeiten, da
von Revolution längst nicht mehr die Rede ist – so ausge-
zeichnet vermarkten lässt, liegt nicht zuletzt an der Symbol-
kraft des Korda-Fotos. In ihm verbinden sich in einzigartiger
Weise Rebellion und Jugendlichkeit, Militanz und Sehn-
sucht, Entschlossenheit und Entrücktheit. Wer sich heutzu-
tage mit dieser Ikone schmückt, kann noch die bloße Unkon-

Kommerziali-
sierung

Vielleicht ist Che Guevara »in seiner Eigenschaft als Bestseller des Buchhandels und Spitzenschlager der Poster-Mode nichts weiter als ein unfreiwilliger Zeuge für den Zynismus unserer ›Kultur‹-Industrie, die mit linksradikalem Sprengstoff ihre Bombengeschäfte macht, ohne auch nur daran zu denken, sich selber beim Wort zu nehmen.« (Hans Egon Holthusen, »Che Guevara«, S. 1052)

ventionalität mit dem Pathos der Revolution beleihen und anderen signalisieren, dass er sich nicht gänzlich an die Gesellschaft anpassen will, ohne sich deshalb auch nur im mindesten außerhalb ihrer stellen zu müssen. Mag dieser »radical chic« weit verbreitet sein, die Vielzahl der Leser von Che-Biographien und Reisetagebüchern Guevaras lässt noch eine andere Vermutung zu.

Denkt man an die Studentenrevolte, dann hatte die Rezeption Che Guevaras neben der politischen Radikalisierung auch zur Folge, dass sich das alltägliche Leben intensivierte. Wer nach Guevaras Maxime »Es gibt kein Leben außerhalb der Revolution« alle Zeit und Energie einer Sache widmete, dem stellte sich in dieser leidenschaftlichen Hingabe die Frage nach dem Sinn des Lebens nicht. Eine solche Fixierung ist in Zeiten überbordender individueller Wahlmöglichkeiten, zunehmender Flexibilität und Mobilität sicher anachronistisch. Aber gerade deshalb bietet sich für alle diejenigen, die damit nicht zufrieden sind oder nicht zurechtkommen, Che Guevaras Leben – nicht so sehr seine Ideen – als Projektionsfläche an. Seine gesamte Biographie ist derart geprägt von einem intensiven Lebenswandel, dass sich entsprechende Wünsche oder Sehnsüchte, die keineswegs politisch sein müssen, daran festmachen können.

Alberto Kordas Fotografie ist für viele das Sinnbild eines jugendlichen Rebellen. Anders verhält es sich mit einer Stilisierung, die Che Guevara selbst in Umlauf gebracht hat, als er den Abschiedsbrief an seine Eltern im April 1965 mit den Worten begann: »Liebe Alten! Mit meinen Fersen spüre ich wieder die Rippen meiner Rosinante, ich mache mich erneut auf den Weg mit meinem Schild auf dem Arm.« (AW 5, S. 35) Che Guevara als Don Quichotte – das ist eine Selbstcharakterisierung, die begierig von seinen Kritikern aufgegriffen wurde. Ist das nicht das Eingeständnis seiner Verblendung, der Undurchführbarkeit seiner politischen Ideen? Das jedenfalls legt die deutsche Bedeutung des Wortes Donquichotterie nahe: ein törichtes, von Anfang an aussichtsloses Unternehmen aus weltfremdem Idealismus. Auf die kongolesische und bolivianische Guerilla trifft dies zweifellos zu. Und es ließe sich noch manch andere Aktivität in Guevaras Leben anführen, die diese Bezeichnung verdient.

Don Quichotte

Gleichwohl ist eine solche Interpretation Che Guevaras als Don Quichotte aus gegenläufigen Gründen problematisch. Zum einen neigt sie dazu, nicht nur die politische Praxis Guevaras, sondern auch seine Motive und Ideale, sich nicht mit Ausbeutung und Unterdrückung abfinden zu wollen, als weltfremden Idealismus zu diskreditieren. Zum anderen verharmlost sie die realen Konsequenzen. Che Guevara war nicht der Protagonist eines Ritterromans, keine fiktive Figur, sondern sein politisches Handeln kostete eine Reihe von Menschen das Leben. Ob angemessen oder nicht, das Bild vom Don Quichotte scheint auf den ersten Blick zu negativ besetzt, als dass es zur Projektionsfläche von Wünschen dienen könnte. Doch die Weltfremdheit lässt sich auch anders auffassen.

Als Guevara den Abschiedsbrief an seine Eltern schickte, kreuzte er sich mit einem Schreiben seiner Mutter. Beunruhigt über das plötzliche Verschwinden ihres Sohnes im März 1965, vermutete sie dahinter politische Differenzen mit der kubanischen Führung. Sie riet ihm, seinen sozialistischen Auffassungen treu zu bleiben und sie, wenn dies nötig sein sollte, lieber in einem anderen Land zu verwirklichen zu suchen, anstatt seine Kraft beim Zuckerrohrschneiden (wohin er sich angeblich zurückgezogen hatte) zu vergeuden. Der Brief endet mit den Worten: »Ja, Du wirst immer ein Fremder sein. Anscheinend ist das Dein ewiges Schicksal.« (zit. n. Anderson 2002, S. 568) Eine bemerkenswerte Übereinstimmung:

Weltfremdheit Beide Zitate betonen die Fremdheit Guevaras in der Welt. Die Weltfremdheit, die Celia Guevara meinte, hatte in ihren Augen allerdings nichts mit einer törichten Verkennung der Realität zu tun. Sie sah ihren Sohn vielmehr als einen, der mit seinem Idealismus nicht in eine durch und durch entfremdete Welt passte, der selbst seinen Mitstreitern so weit voraus war, dass er von ihnen keine wirkliche Anerkennung erwarten konnte. Trotzdem empfahl sie ihm, unbeirrt an seiner Weltwahrnehmung festzuhalten.

Fidel Castro – dessen Lieblingsbuch nach eigenen Angaben übrigens Cervantes' *Don Quichotte* ist – griff in seiner Trauerrede am 18. Oktober 1967 genau diese Überlegungen auf, als er verkündete, Che Guevara sei »ein Mensch der Zukunft« gewesen, und ihn aufgrund dieser Weltfremdheit zum Vorbild erhob. Der heroische Idealismus ist eine genau kalkulierte Stilisierung, die den »Mythos Che« in Kuba bis heute prägt, und zugleich eine Projektionsfläche für alle, die sich nach der Überwindung des alternativlosen politischen Pragmatismus sehnen. Dafür würden sie wohl selbst die Bezeichnung Don Quichotte in Kauf nehmen.

> »Ernesto Guevara ist nicht für die bloße Erhöhung des materiellen Lebensstandards in den Armenvierteln gestorben. Für mich, und ich glaube, für viele, in Wirklichkeit für Millionen Menschen [...] ist er für ein unendlich viel wertvolleres Ideal gestorben, für das Ideal eines neuen Menschen.« (Ernesto Sábato; zit. n. Niess 2003, S. 154)

Christus-Analogie Eine spezifische Weltfremdheit findet sich auch in einer weiteren Stilisierung von Che Guevara, die bald nach seinem Tod aufkam und spätestens seit Wolf Biermanns Lied vom »Comandante Che Guevara« geläufig geworden ist: der »Christus mit der Knarre«. Bereits zu Lebzeiten war Guevara von vielen als ein außergewöhnlicher Mensch angesehen worden, von manchen aufgrund seiner asketischen und strikt egalitären Haltung, seines Gerechtigkeitsfanatismus, seiner Verachtung des Geldes und des Todes gar als ein Heiliger verehrt worden.

Die Art seines Todes in Bolivien und einige damit verknüpfte Umstände steigerten diese Verehrung noch einmal und machten aus Guevara einen neuen Christus. Der unmittelbare Auslöser für diese Überhöhung war sinnlicher Natur. Der tote Che Guevara, so wie ihn die in vielen Zeitungen der Welt veröffentlichten Fotos am 10. Oktober 1967 im Waschhaus von Vallegrande zeigten, hat tatsächlich eine frappante Ähnlichkeit mit dem toten Christus auf den Gemälden von Holbein d. J. oder Andrea Mantegna.

Nachdem durch die Ähnlichkeit der Bilder die Christus-Analogie einmal aufgebracht war, konnte man schnell weitere Belege finden, die diese Analogie stütz-ten. Vor allem die Tatsache, dass der Tod Guevara in Bolivien weder zufällig noch unvorbereitet getroffen hatte. In seiner im April 1967 verfass-ten *Botschaft an die Völker der Welt* hatte er sein Ende kommen gesehen, war ihm bewusst nicht ausgewichen, sondern hatte den Tod willkommen geheißen, wenn er der Erlösung der Menschheit von Unterdrückung und Ausbeutung diene. Diese anmaßende Deutung seines Selbstopfers verfehlte ihre Wirkung nicht und war Wasser auf die Mühlen derer, die in ihm einen neuen Christus sehen wollten.

> »In der Trinität der imaginären ›unsichtbaren Kirche‹ (R. Bahro), der sich viele damals irgendwie zugehörig fühlten, nahm Che die Stelle des Sohnes ein, der für die Sünden der Welt gestorben war.« (Gerd Koenen, *Die großen Gesänge*, S. 189)

Mochte man noch andere Details anführen – auch Che Guevara war von denjenigen verraten worden, die er befreien wollte, und dergleichen mehr –, die ganze Analogie war doch in einem zentralen Punkt schief. Jesus Christus hatte sich mit dem Wort, sein Reich sei nicht von dieser Welt, geweigert, die Gottesherrschaft gewaltsam durchzusetzen. Aber gerade diese offensichtliche Diskrepanz, die die ganze Christus-Analogie zum Einsturz zu bringen drohte, erhöhte die Attraktivität von Che Guevara. Nachdem mittels des Christus-Bildes die Reinheit der Person Che Guevaras und seiner Motive suggeriert worden war, konnte nun auch die von ihm propagierte Gewalt als reine, das heißt unbedingte, göttliche Gewalt erscheinen, die über jeden Legitimationszwang erhaben war. Der be-

Die Reinheit revolutionärer Gewalt

waffnete Christus war dann keine Contradictio in adjecto
mehr, wenn Che Guevara als Guerillero Reinheit attestiert
wurde. Für seine »Jünger« hieß das: Wer in seinem Namen
Gewalt ausübte, stand unmittelbar auf der Seite der Gerechtigkeit, war selbst ein Gerechter. Und auch in diesem Fall gilt:
Selbst nachdem das Revolutionsideal, das Che Guevara verkörperte, verblasst ist, kann er noch als Projektionsfläche her-
halten für das Bedürfnis, sich nicht nur in der Geschichte orientieren, sondern in ihr auch unangefochten auf der richtigen
Seite stehen zu können.

Geht man von den expliziten Würdigungen aus, die Che
Guevara nach seinem Tod zuteil geworden sind, dann ist die
Deutung, die Jean-Paul Sartre vornahm, am weitesten verbreitet. »Ich halte dafür, dass dieser Mann nicht nur ein Intel-
»Der vollkom- lektueller, sondern der vollkommenste Mensch unserer Zeit
menste Mensch war.« Das war weder anthropologisch noch pädagogisch ge-
unserer Zeit« meint, sondern die Vollkommenheit bezog sich auf die Übereinstimmung von Che Guevaras Denken und Handeln,
Theorie und Praxis. Diese Stilisierung wich nicht in die literarische Fiktion oder die religiöse Projektion aus und machte
aus Guevara auch kein aus der Zukunft her leuchtendes Vorbild, sondern eines, das sich in der jüngsten Vergangenheit
bewährt hatte, dessen verpflichtender Charakter deswegen
aber nicht geringer eingeschätzt wurde.

Das Pathos der von Sartre bewunderten Einheit ging jedoch
nicht von dieser selbst aus, sondern die Einheit ist nur dann
vollkommen, wenn die Praxis so frei und vor allem so radikal
ist, wie das Denken des Intellektuellen. Mit der Idealisierung
der Radikalität konnte sich Sartre gewiss sein, den Spuren von
Guevara zu folgen. Dieser hatte unmissverständlich erklärt:
»›Mäßigung‹ ist einer der Begriffe, der von allen Agenten der
Kolonialherren gern gebraucht wird. Sie sind ›moderat‹, alle,
Pathos der die Angst haben, und alle, die in der einen oder anderen
Radikalität Weise den Verrat planen.« (AW 4, S. 18) Man muss Che Gue-
vara zugestehen, dass er sich seit den Zeiten der kubanischen
Guerilla mit großem Erfolg bemüht hat, dieser Maxime treu
zu bleiben. Welche politischen Folgen die Übertragung radi-

Simone de Beauvoir und Jean-Paul Sartre zu Besuch bei Che Guevara, Havanna 1960

kaler Theorie in die Praxis haben konnte, das wusste er – oder ahnte es zumindest – und war bereit, persönlich dafür den Preis zu zahlen. Allerdings scheute er sich auch nicht, anderen diese Kosten zuzumuten, wenn man etwa an seine Haltung in der Kuba-Krise denkt, als er Millionen Opfer für die Durchsetzung einer politischen Idee in Kauf genommen hätte. Das Pathos der Radikalität, das einst die Studentenrevolte beherrschte, ist weitgehend verflogen, geblieben ist der Wert, der sie trug: das Ideal der Übereinstimmung von Denken und Handeln, die der, der danach strebt, in Guevaras Biographie allemal finden kann.

In welcher Form die Wünsche nach Intensität, Idealismus, Reinheit oder Identität sich äußern mögen, sie können am Leben und Wirken Che Guevaras einen vorzüglichen Halt finden und werden damit zugleich seine Person idealisieren. Solche Projektionen, von denen hier vier Stilisierungen genannt wurden, sind es, die den »Mythos Che« auch weiterhin auf je spezifische Weise pflegen. Deshalb wird der Versuch der Che-Fans, mit dem Rekurs auf den »authentischen« radikalen Che Guevara die gegenwärtigen Schwundformen bekämpfen zu wollen, ebenso wenig fruchten wie der Versuch der Guevara-Kritiker, mit dem Verweis auf den »empirischen« Che Guevara den »Mythos Che« entzaubern zu wollen.

Che Guevara als Kunst-Figur

Die Biographie und die Berühmtheit Che Guevaras haben fast zwangsläufig dazu geführt, dass er zum Gegenstand künstlerischer Aneignung geworden ist. Häufig genug stand dabei nicht primär die ästhetische Qualität im Vordergrund, sondern die Absicht, den legendären Comandante in der Kunst zu ehren. Es folgt eine knappe Auswahl von Kunstwerken der verschiedensten Genres für den, der Che Guevara nicht nur anhand seiner Schriften oder der Biographien kennen lernen will.

Texte   Den Anfang der posthumen Verehrung des Revolutionsführers machte der kubanische Dichter Nicolás Guillén, als er seine eben vollendete hymnische Ode »Che Comandante« auf der offiziellen Trauerfeier am 18. Oktober 1967 in Havanna vortrug. Der argentinische Schriftsteller Julio Cortázar vermerkte in seinem Nachruf auf Che Guevara, fortan würden die abgetrennten Hände des Che seine Feder führen. Vorher hatte er schon in der Erzählung »Die Vereinigung« (in: *Das Feuer aller Feuer*, Frankfurt/Main 1976, S. 61-78) die ersten Tage nach der Landung der »Granma« beschrieben. Erich Hackl buchstabierte 1997 das »Kleine ABC eines Unverstorbenen. 26 Paraphrasen über ein Leben vor und nach dem Tod« (in: *Ausprobieren eines Vaters*, Zürich 2004, S. 167-181). Ein biographisches Alphabet legte der mexikanische Karikaturist Eduardo del Río Garcia, besser bekannt als RIUS, mit seinem Agitprop-Comic *A–B–Che. Schlicht und ergreifend die Biografie eines Revolutionärs unserer Zeit* (Berlin 1982) vor. Dass man Che Guevara nicht als Revolutionsheld behandeln muss, zeigte Volker Braun in seiner Groteske *Guevara oder Der Gottesstaat* (in: *Gesammelte Stücke. Erster Band*, Frankfurt/Main 1989, S. 159-210), die er 1977 für kurze Zeit am Deutschen Theater in Ost-Berlin auf die Bühne brachte.

Töne   Sehr spannend ist das 2003 produzierte Hörspiel *Che. Ein Streitgespräch mit Ernesto »Che« Guevara* von José Pablo Feinmann, in dem sich ein argentinischer Arzt aus der Gegenwart mit seinem berühmten Berufskollegen in der Nacht vor dessen Tod über Che Guevaras Leben und Scheitern unterhält. Die authentische Stimme des Comandante, aber auch die Fidel Castros oder Rudi Dutschkes, sind auf dem akustischen Porträt *Versuchen wir das Unmögliche. Erinnerungen an Che Guevara* von Ursula Voss zu vernehmen (Audio-Buch 2003). Revolutionäre Melancholie verbreitet die 1997 produzierte CD *¡El Che Vive!* (Last Call), die die bekanntesten Lieder über Che Guevara enthält, darunter den Klassiker »Hasta Siempre« in gleich drei Fassungen von Carlos Puebla, Soledad Bravo und Maria Farantouri. Anlässlich des Pinochet-Putsches in Chile 1973 hat auch Wolf Biermann zur Gitarre gegriffen und das Lied »Comandante Che Guevara« vorgetragen. Dass der Revolutionär noch zu anderen musikalischen Formen inspirieren kann, zeigt die 2003 entstandene Toncollage *Repercusión – oder Die Hände des Che* des Klangkünstlers und Komponisten Werner Cee.

Das Leben Che Guevaras lud zur Verfilmung geradezu ein. **Filme** Hollywood ließ sich nicht lange bitten, und 20th Century Fox brachte bereits 1969 den Spielfilm *Che!* (Regie: Richard Fleischer) mit Omar Sharif in der Hauptrolle in die Kinos. Wie sehr sich die Zeiten und das Interesse an Che Guevara geändert haben, zeigen die 2004 in Cannes uraufgeführten *The Motorcycle Diaries* von Walter Salles; darin geht es nicht mehr um den Revolutionär, sondern um den jugendlichen Abenteurer Ernesto Guevara (Gael García Bernal), der mit seinem Freund Alberto Granado (Rodrigo de la Serna) quer durch Südamerika reist. Der Film zum Film – *Traveling with Che Guevara* von Gianni Miná, der die Dreharbeiten zum Salles-Film dokumentiert und den 80-jährigen Granado ins Zentrum stellt – dürfte es allerdings nur in die Programmkinos schaffen. Von den zahlreichen mehr oder minder gelungenen Dokumentarfilmen sei hier nur die ARTE-Produktion *Ernesto »Che« Guevara – Das Bolivianische Tagebuch* von Richard Dindo aus dem Jahr 1995 erwähnt.

Die Pop-Ikone Che selbst noch einmal künstlerisch zu reflek- **Bilder** tieren, diesen Versuch haben Hans Niehus mit seinem Aquarell »Seien wir realistisch, versuchen wir das Unmögliche« (1998) und Gavin Turk unternommen, der nicht nur eine »Guevara Fortnight« veranstaltete, sondern es mit seinen Auseinandersetzungen mit der Kunstfigur Che 2003 bis in die

Londoner Saatchi Gallery gebracht hat. Von den Fotografen ist natürlich an erster Stelle Alberto Korda zu nennen, der das berühmteste Bild von Che Guevara geschossen hat; dieses und viele andere Fotos sind im Band *Korda sieht Kuba* (München 2003) des kürzlich verstorbenen Hausfotografen der kubanischen Revolution enthalten. Andere bekannte Porträt-Fotos von Guevara stammen von dem renommierten Schweizer Fotografen René Burri; einige von ihnen finden sich zusammen mit Impressionen aus Kuba in dem wunderbar aufgemachten Heft »Los cubanos. Metamorphosen einer Revolution« der Zeitschrift *DU* (12/1993).

Anhang

Zeittafel

1928 14. Juni: Ernesto Guevara de la Serna wird als erstes Kind von Ernesto Guevara Lynch und Celia de la Serna in Rosario (Argentinien) geboren.

1930 2. Mai: Ernesto erleidet einen ersten Asthmaanfall; Ausbruch der lebenslangen Krankheit.

1933 Juni: Auf Anraten der Ärzte Umzug der Familie in den Luftkurort Alta Gracia in der Provinz Córdoba.

1946 Abitur am Gymnasium Dean Funes in Córdoba.

1947 November: Beginn des Medizinstudiums an der Universität von Buenos Aires.

1950 1. Januar bis Mitte Februar: 4500 Kilometer lange Fahrradreise durch den Norden Argentiniens.

1951 März: Jacobo Arbenz Guzmán wird Präsident von Guatemala und beginnt mit weitreichenden Bodenreformen. – 29. Dezember: Guevara bricht mit Alberto Granado zur ersten großen Südamerika-Reise auf, die sie über Chile, Bolivien, Peru und Kolumbien nach Venezuela führt.

1952 31. August: Rückkehr nach Buenos Aires.

1953 11. April: Abschluss des Medizinstudiums. – 12. Juni: Verleihung des Doktortitels. – Juli: Aufbruch zur zweiten Lateinamerika-Reise zusammen mit Carlos Ferrer. – 26. Juli: In Kuba scheitert Fidel Castros Versuch, mit einigen Anhängern die Moncada-Kaserne zu stürmen und den Diktator Fulgencio Batista zu stürzen. – 23./24. Dezember: Ankunft in Guatemala; dort lernt er seine spätere Frau Hilda Gadea, eine peruanische Sozialistin, kennen.

1954 Juni: Ein von der CIA unterstützter Staatsstreich stürzt den Präsidenten Jacobo Arbenz; Guevara sucht Asyl in der argentinischen Botschaft. – August: Ausreise nach Mexiko, wo er als Fotograf und Arzt jobbt; verstärkte Kontakte zu exilkubanischen Kreisen.

1955 Sommer: Guevara lernt Fidel Castro in Mexiko-Stadt kennen und beschließt nach dem ersten Gespräch, sich einer von Castro geplanten Expedition nach Kuba anzuschließen, um Batista zu stürzen. – 18. August: Heirat mit Hilda Gadea.

1956 15. Februar: Geburt der Tochter Hilda Beatriz. – April: Beginn einer Guerillaausbildung in Chalco (Mexiko). – Juni: Guevara und die Gruppe um Castro werden kurzzeitig von der mexikanischen Polizei verhaftet. – 25. November: Vom mexikanischen Hafen Tuxpan läuft die »Granma« mit Guevara, Castro und 80 weiteren Männern Richtung Kuba aus. – 2. Dezember: Landung am Strand von Los Colorados in der kubanischen Provinz Oriente. – 5. Dezember: Bei einem Überfall von Regierungstruppen in Alegría del Pío werden die meisten von Castros Leuten getötet. – 21. Dezember: Die Überlebenden sammeln sich in der Sierra Maestra und beginnen mit dem Aufbau der Guerilla.

1957 Februar: Erstes siegreiches Gefecht der Guerillagruppe in La Plata. – Ab Ende Mai: Nach der Erstürmung der Kaserne von El Uvero verfügt die Guerilla erstmals über ein kleines »befreites Territorium« in der Sierra Maestra. – Juli: Che Guevara wird zum Comandante ernannt.

1958 9. April: Der von Castro und anderen Oppositionsbewegungen ausgerufene Generalstreik misslingt. – 25. Mai: Offensive der Regierungstruppen. – 30. August: Guevara bricht mit 150 Mann ins Zentrum der Insel auf, um alle Verkehrsknotenpunkte zu kontrollieren. – 29. bis 31. Dezember: Unter Guevaras Befehl wird die Provinzhauptstadt Santa Clara eingenommen.

1959 1. Januar: In der Silvesternacht flieht der Diktator Batista in die Dominikanische Republik. – 2. Januar: Die Revolutionäre ziehen im Triumphzug in Havanna ein; Guevara wird zum Kommandanten der Festung La Cabaña ernannt. – 9. Januar: Wiedersehen mit den Eltern in Havanna. – 21. Januar: Hilda Gadea kommt nach Kuba. – 7. Februar: Che Guevara erhält die kubanische Staatsbürgerschaft. – 22. Mai: Scheidung von Hilda Gadea. – 2. Juni: Heirat mit Aleida March. – 12. Juni bis 9. September: Besuch zahlreicher afrikanischer und asiatischer Staaten. – 7. Oktober: Ernennung zum Leiter der Industrieabteilung des Nationalen Instituts für die Agrarreform (INRA). – 26. November: Ernennung zum Präsidenten der Nationalbank.

1960 April: Veröffentlichung seines Buches *Der Guerilla-*

krieg. – Oktober: Die USA verhängen ein Handelsembargo gegen Kuba. – 22. Oktober bis 22. Dezember: Reise in die Sowjetunion, nach China und in andere sozialistische Länder, um Handels- und Wirtschaftsabkommen abzuschließen. – 24. November: Geburt der Tochter Aleida.

1961 3. Januar: Die USA brechen die diplomatischen Beziehungen zu Kuba ab. – 23. Februar: Ernennung zum Industrieminister. – 16. bis 19. April: Die von der CIA finanzierte Invasion in der Schweinebucht wird zurückgeschlagen.

1962 Januar: Ausschluss Kubas aus der Organisation Amerikanischer Staaten (OAS) – 20. Mai: Geburt des Sohnes Camilo. – Juni: Vereinbarung mit der Sowjetunion über die Stationierung atomarer Raketen in Kuba. – 15. bis 28. Oktober: Kuba-Krise.

1963 Veröffentlichung des *Cubanischen Tagebuchs (Episoden aus dem Revolutionskrieg).* – 14. Juni: Geburt der Tochter Celia. – Oktober: Guevara entfacht eine Auseinandersetzung um die zukünftige Wirtschaftspolitik Kubas (»Planungsdebatte«), in der er am Ende unterliegt.

1964 18. April: Der Guerillafokus seines Freundes Jorge Masetti wird in Argentinien vernichtet. – 10. bis 12. Dezember: Teilnahme an der UNO-Vollversammlung in New York, wo Guevara eine Rede hält; anschließend Aufbruch zu einer mehrmonatigen Reise in zahlreiche Länder Afrikas.

1965 24. Februar: Geburt des Sohnes Ernesto. – 25. Februar: Rede in Algier, in der Guevara heftige Kritik an der Sowjetunion übt. – 15. März: Rückkehr nach Kuba; nach einem langen Gespräch mit Fidel Castro verschwindet Guevara aus der Öffentlichkeit. – 2. April: Guevara verlässt Kuba in Richtung Kongo, um sich der dortigen Guerilla gegen Präsident Tschombé anzuschließen. – 24. April: Ankunft im Guerillagebiet. – 3. Oktober: Castro verliest vor dem Parteikongress den Abschiedsbrief Guevaras. – 21. November: Nach dem Scheitern der Guerilla zieht sich Guevara aus dem Kongo zurück; Aufenthalt in Tansania, wo er mit der Niederschrift seines *Afrikanischen Traums* beginnt.

1966 März: Guevara reist inkognito nach Prag. – Juli: Heimliche Rückkehr nach Kuba, wo er mit Castros Unterstützung

Vorbereitungen für eine Guerilla in Bolivien trifft. – 7. November: Nach verschiedenen Zwischenstationen trifft Guevara im Basislager der bolivianischen Guerilla in Ñancahuazu ein und beginnt mit dem *Bolivianischen Tagebuch*. – 31. Dezember: Zerwürfnis mit dem Führer der bolivianischen Kommunisten, Mario Monje.

1967 1. Februar: Beginn der Trainings- und Erkundungsmärsche. – 23. März: Überraschender Beginn der Kampfhandlungen mit dem bolivianischen Militär. – April: Die Guerillatruppe teilt sich; Guevaras Verbindungsleute Régis Debray und Ciro Bustos werden von der Armee festgenommen; Guevaras *Botschaft an die Völker der Welt* wird in Havanna verlesen. – 31. August: Die abgespaltene Gruppe wird von Regierungstruppen vernichtet; dabei stirbt auch Tamara Bunke (»Tania«). – 7. Oktober: Letzter Tagebucheintrag. – 8. Oktober: Guevara wird beim Gefecht in der Yuro-Schlucht verletzt, gefangen genommen und nach La Higuera gebracht. – 9. Oktober: Auf Befehl der bolivianischen Regierung wird Guevara erschossen. – 10. Oktober: Seine Leiche wird in Vallegrande zur Schau gestellt und danach an einem geheim gehaltenen Ort vergraben. – 15. Oktober: Fidel Castro bestätigt in einer Fernsehansprache Guevaras Tod. – 18. Oktober: Trauerfeier in Havanna, an der mehrere hunderttausend Menschen teilnehmen.

1995 November: Nach dem Hinweis eines ehemaligen bolivianischen Offiziers beginnt die Suche nach Guevaras Leichnam.

1997 12. Juli: Die Überreste Guevaras werden am Rand des Flugfeldes von Vallegrande entdeckt und nach Kuba überführt. – 17. Oktober: Guevaras Gebeine werden in dem eigens errichteten Mausoleum in Santa Clara beigesetzt.

147

Bibliographie

Auf die Nennung der verschiedenen deutschen Ausgaben der Bücher Ernesto Che Guevaras wurde in dieser Literaturauswahl verzichtet; sie sind im Werklexikon an entsprechender Stelle verzeichnet. Dort aufgeführte Sekundärliteratur wird hier nicht mehr kommentiert.

I. Siglen für Titel von Ernesto Che Guevara

AT *Der afrikanische Traum. Das wieder aufgefundene Tagebuch vom revolutionären Krieg im Kongo*, Köln 2000.

AW *Ausgewählte Werke in Einzelausgaben*, hrsg. und übertragen von Horst-Eckart Gross, Bonn 1990 ff.
Band 1: Guerillakampf und Befreiungsbewegung
Band 2: Cubanisches Tagebuch
Band 3: Aufsätze zur Wirtschaftspolitik
Band 4: Schriften zum Internationalismus
Band 5: Das vollständige Bolivianische Tagebuch
Band 6: Der neue Mensch. Entwürfe für das Leben in der Zukunft.

EH zusammen mit Raúl Castro, *Die Eroberung der Hoffnung. Tagebücher aus der kubanischen Guerilla Dezember 1956 bis Februar 1957*, Bad Honnef 1997.

LA *Latinoamericana. Tagebuch einer Motorradreise 1951/52*, Köln 1994.

MG *Das magische Gefühl, unverwundbar zu sein. Das Tagebuch der Lateinamerika-Reise 1953-1956*, Köln 2003.

II. Sammelbände mit Texten von Ernesto Che Guevara

– *Brandstiftung oder Neuer Friede. Reden und Aufsätze*, hrsg. von Sven Papcke, Reinbek 1969 (mit umfangreichen bibliographischen Angaben bis 1969).

– *Guerilla – Theorie und Methode*, hrsg. von Horst Kurnitzky, Berlin 1968.

– *Ökonomie und neues Bewußtsein*, hrsg. von Horst Kurnitzky, Berlin 1969.

– *Politische Schriften. Eine Auswahl*, hrsg. von Horst Kurnitzky, Berlin 1976.

III. Biographien

– Anderson, Jon Lee, *Che. Die Biographie*, München 1997 (mit Castañeda und Taibo II eine der drei großen Biographien, die auf umfangreichen Recherchen vor Ort basiert, spannend geschrieben; im Text zitiert nach der 5. Aufl., München 2002).

– Castañeda, Jorge G., *Che Guevara. Biographie*, Frankfurt/Main 1997 (sehr empfehlenswert, da sie den politischen Kontext ausführlich berücksichtigt; im Text zitiert nach der Taschenbuchausgabe, Frankfurt/Main 1998).

– *Che. Der Traum des Rebellen*, hrsg. von Fernando Diego García und Oscar Sola, mit einem Essay von Matilde Sánchez, Berlin 1997 (schöne Fotobiographie mit ausführlichem Begleittext).

– Guevara (Lynch), Ernesto, *Mein Sohn Che*, Hamburg 1986 (gibt am ausführlichsten Auskunft über die Kindheit und Jugend, häufig allerdings vom Vaterstolz beeinträchtigt).

– Hetmann, Frederik, *»Solidarität ist die Zärtlichkeit der Völker«. Die Lebensgeschichte des Ernesto Che Guevara*, Weinheim/Basel 1999 (vom Autor des Jugendbuch-Klassikers *»Ich habe sieben Leben«*, sehr gefällige Erzählung, die gelegentlich zu Lasten der Detailtreue geht).

– James, Daniel, *Che Guevara. Mythos und Wahrheit eines Revolutionärs*, 8. Aufl., München 2002 (überarbeitete Ausgabe der bereits 1969 publizierten Biographie, stellt das Don-Quichotte-Motiv ins Zentrum).

– Lawrezki, Josef, *Ernesto Che Guevara*, Berlin (DDR) 1974 (einzige in der DDR erschienene Guevara-Biographie mit stark hagiographischem Einschlag; im Text zitiert nach der 2 Aufl., Berlin (DDR) 1976).

– Niess, Frank, *Che Guevara*, Reinbek 2003 (aktuelle, solide Einführung in der Reihe rowohlt monographien, ersetzt die veraltete Fassung von Elmar May aus dem Jahr 1973).

– Rojo, Ricardo, *Che Guevara. Leben und Tod eines Freundes*, Frankfurt/Main 1968.

– Taibo II, Paco Ignacio, *Che. Die Biographie des Ernesto Guevara*, Hamburg 1997 (mit großer Sympathie, aber nicht unkritisch geschrieben, wohl das Standardwerk für alle Che-Fans; mit großer Bibliographie spanischsprachiger Literatur von und über Che Guevara).

IV. Sekundärliteratur zu Ernesto Che Guevara

– Bettelheim, Charles, u.a., *Wertgesetz, Planung und Bewußtsein. Die Planungsdebatte in Cuba*, Frankfurt/Main 1969.
– Castro, Fidel, *Über Che Guevara*, Berlin 1967 (Trauerrede Castros vom 18. Oktober 1967).
– Ceballos Betancur, Karin, *Auf Che Guevaras Spuren. Lateinamerikanische Reisenotizen*, Wien 2003.
– Debray, Régis, *Revolution in der Revolution?*, München 1967.
– Granado, Alberto, *Mit Che durch Südamerika. Reisebericht*, Köln 1988.
– Hitchens, Christopher, »Es war einmal. Che Guevara – Parabeln eines charismatischen Untergangs«, in: *Lettre International*, Heft 38 (1997), S. 40-44 (Versuch einer Annäherung an den »Mythos Che«).
– Holthusen, Hans Egon, »Che Guevara. Leben, Tod und Verklärung«, in: *Merkur* 12/1969, S. 1051-1067 (immer noch lesenswerter Versuch zu verstehen, warum Che Guevara für die 68er-Generation zur Kultfigur wurde).
– *Internationale Che-Guevara-Konferenz*, Berlin 1998 (der Tagungsband der Gedenkveranstaltung zum 30. Todestag gibt einen Eindruck vom Weiterwirken Guevaras in der Linken).
– Larteguy, Jean, *Guerillas oder Der vierte Tod des Che Guevara*, Gütersloh 1969 (Reflexionen eines französischen Journalisten, der 1967 auf der Suche nach Che Guevara Südamerika bereiste).
– Löwy, Michael, *Che Guevara*, 2. Aufl., Frankfurt/Main 1993 (erstmals 1970 erschienen, manchmal etwas angestaubte Interpretation des philosophischen, politischen und ökonomischen Denkens von Che Guevara).
– Marcilly, Jean, »›Ich wäre gern der Mao unseres Kontinents‹. Ernesto Che Guevara über Kuba, Kommunismus und die Russen«, in: *Der Spiegel*, Nr. 35/1968, S. 66-67 (Auszug aus einem nicht autorisierten Interview, das angeblich 1966 in Venezuela geführt wurde).
– Massari, Roberto, *Che Guevara. Politik und Utopie. Das politische und philosophische Denken Ernesto Che Guevaras*, Frankfurt/Main 1987 (nach wie vor die einzige umfangreiche deutschsprachige Monographie zu Che Guevara, die nicht dessen Leben in den Mittelpunkt stellt).
– Maschke, Günter, *Kritik des Guerillero. Zur Theorie des Volkskriegs*, Frankfurt/Main 1973.
– Papcke, Sven G., »Positive Entfremdung. Zur Wirkungsgeschichte

Ernesto Che Guevaras«, in: Ernesto Che Guevara, *Brandstiftung oder Neuer Friede?*, hrsg. von Sven Papcke, Reinbek 1969, S. 134-163 (interpretiert Guevaras militanten Humanismus als neue Anthropologie).
– Santis, Sergio de, »Bewußtsein und Produktion. Eine Kontroverse zwischen Ernesto Che Guevara, Charles Bettelheim und Ernest Mandel über das ökonomische System in Cuba«, in: *Kursbuch* 18 (1969), S. 80-117.
– Sinclair, Andrew, *Che Guevara*, München 1970 (knappe, vorwiegend biographische Darstellung mit Überlegungen zur Guerillatheorie).
– Sonntag, Heinz Rudolf (Hrsg.), *Che Guevara und die Revolution*, Frankfurt/Main 1968 (enthält neben einigen Aufsätzen Che Guevaras Beiträge, die Auskunft über die Wirkung Guevaras auf die 68er geben).
– Taibo II, Paco Ignacio/Escobar, Froilan/Guerra, Felix, *Das Jahr, in dem wir nirgendwo waren. Ernesto Che Guevara und die afrikanische Guerilla*, Berlin 1996.
– Weiss, Peter, »Che Guevara!«, in: Heinz Rudolf Sonntag (Hrsg.), *Che Guevara und die Revolution*, Frankfurt/Main 1968, S. 94-98 (Aufruf an die deutsche Linke, dem Beispiel Che Guevaras zu folgen).

V. Literatur zum Umfeld und zur Wirkungsgeschichte
– Ali, Tariq, *Street Fighting Years*, Köln 1998 (Erinnerungen eines englischen Studentenführers).
– Debray, Régis, *Kritik der Waffen. Wohin geht die Revolution in Lateinamerika?*, Reinbek 1975 (Abkehr des einstigen Chefideologen des »Guevarismus« vom bewaffneten Kampf).
– Debray, Régis, »Was wir von den Tupamaros lernen können«, in: *Sozialistisches Jahrbuch 4*, hrsg. von Wolfgang Dreßen, Berlin 1972, S. 144-175 (der Schöpfer der Fokus-Theorie entdeckt die Stadtguerilla).
– Dutschke, Gretchen, *Rudi Dutschke. Wir hatten ein barbarisches, schönes Leben. Eine Biographie*, München 1998 (Porträt des Studentenführers, der entscheidend zur Popularisierung Che Guevaras in der Bundesrepublik beitrug).
– Feltrinelli, Giangiacomo (Hrsg.), *Lateinamerika, ein zweites Vietnam?*, Reinbek 1968.
– Hetmann, Frederik, *Preis der Freiheit. Bericht einer Reise nach*

Kuba, Weinheim/Basel 1984 (Reisebericht eines ernüchterten Che-Guevara-Biographen).
– Huffschmid, Anne (Hrsg.), *Subcomandante Marcos. Ein maskierter Mythos*, Berlin 1995 (Versuche, die Bedeutung und Grenzen der Faszination von Marcos auszuloten).
– Huffschmid, Anne, *Diskursguerilla: Wortergreifung und Widersinn. Die Zapatistas im Spiegel der mexikanischen und internationalen Öffentlichkeit*, Heidelberg 2004 (diskursanalytische Studie zur Wirkungsgeschichte der Zapatisten).
– Kerkeling, Luz, *La lucha sigue! – Der Kampf geht weiter!: EZLN – Ursachen und Entwicklungen des zapatistischen Aufstands*, Münster 2003 (stellt einmal nicht den Subcomandante Marcos ins Zentrum, wenn es um die Zapatisten geht).
– Koenen, Gerd, *Die großen Gesänge*, Frankfurt/Main 1987 (wie Heldenkulte in der Linken entstehen).
– »Kursbogen Tupamaros«, Beilage zum *Kursbuch* 18 (1969) (gibt auf einer Zeitungsseite die Faszination für die uruguayische Stadtguerilla wieder).
– Labrousse, Alain, *Die Tupamaros. Stadtguerilla in Uruguay*, München 1971 (zeitgenössische Darstellung, enthält die wichtigsten Dokumente der Tupamaros).
– Lamberg, Robert F., *Die Guerilla in Lateinamerika*, München 1972.
– Mittelstädt, Hanna/Schulenburg, Lutz, *Der Wind der Veränderung. Die Zapatisten und die soziale Bewegung in den Metropolen. Kommentare und Dokumente*, Hamburg 1997 (enthält sämtliche wichtigen Erklärungen der Zapatisten aus den Anfangsjahren).
– Nussbaum, Heinrich von (Hrsg.), *Materialien zur Revolution in Reden, Aufsätzen, Briefen von Fidel Castro, Che Guevara, Régis Debray*, Darmstadt 1968.
– Osang, Alexander, »Die letzte Guerrillera. Eine Revolutionärin landet in Hollywood«, in: ders., *Neunundachtzig: Helden-Geschichten*, 2. Aufl., Berlin 2003, S. 144-154 (Reportage: wie Nadja Bunke die Ehre ihrer Tochter zu retten versucht).
– Panitz, Eberhard, *Der Weg zum Rio Grande. Ein biographischer Bericht über Tamara Bunke*, Berlin (DDR) 1973 (lesbarer als *Tania, la Guerrillera*, dennoch hagiographisch).
– Rojas, Marta/Rodríguez Calderón, Mirta, *Tania, la Guerrillera*, Berlin (DDR) 1973 (»offizielle« Biographie über Tamara Bunke, die Weggefährtin Che Guevaras in Bolivien).
– Schaaf, Günther, *Che Guevara. Begegnungen und Gespräche*

1961-1964 in Kuba, Bonn 2002 (Eindrücke eines ehemaligen Mitarbeiters der Handelsvertretung der DDR in Kuba, denen man kaum anmerkt, dass sie erst vor kurzem aufgeschrieben wurden).

– Schlesinger, Stephen/Kinzer, Stephen, *Bananen-Krieg. Das Exempel Guatemala*, München 1986 (Standardwerk über die Hintergründe des Putsches gegen Jacobo Arbenz).

– Skierka, Volker, *Fidel Castro. Eine Biographie*, Reinbek 2002 (umfassendes, literarisch und argumentativ ausgezeichnetes Porträt des kubanischen Revolutionsführers).

– Sterr, Albert, »Guerillakampf und Befreiungsbewegungen in Lateinamerika«, in: ders., *Die Linke in Lateinamerika. Analysen und Berichte*, Köln/Zürich 1997, S. 230-269 (gibt einen kompetenten Überblick über die verschiedenen Formen lateinamerikanischer Guerillabewegungen).

– Vázquez Montalbán, Manuel, *Marcos. Herr der Spiegel*, 2., aktualisierte Ausgabe, Berlin 2001 (sieht Marcos und die Zapatisten als legitime Erben einer Kultur des Widerstands, der sich auch der spanische Schriftsteller verpflichtet fühlt).

– Weber, Gaby, *Die Guerilla zieht Bilanz. Gespräche mit Guerilla-Führern in Argentinien, Bolivien, Chile und Uruguay*, Gießen 1989 (enthält u.a. fünf ausführliche Interviews mit einstmals hochrangigen Tupamaros, die Einblick in die Geschichte dieser Stadtguerilla geben).

Personenregister

Gadea, Hilda (Ehefrau) 22, 25, 27, 32, 41 f., 73 f., 79, 143 f.
García Bernal, Gael 141
García Lorca, Federico 15
García, Calixto 29
Gorbatschow, Michail 106
Granado, Alberto 15, 19, 22-25, 52, 67-70, 141, 143
Granado, Tomás 15, 19 f.
Gross, Horst-Eckart 67, 131
Guerra, Eutimio 34
Guerra, Félix 93
Guevara, Aleida (Tochter) 49, 133, 145
Guevara, Ana María (Schwester) 16 f.
Guevara, Camilo (Sohn) 49, 108, 145
Guevara, Celia (Schwester) 16 f.
Guevara, Celia (Tochter) 49, 145
Guevara, Ernesto (Sohn) 49, 145
Guevara, Hilda Beatriz (Tochter) 27, 41, 49, 66, 74, 144
Guevara, Juan Martín (Bruder) 17, 41
Guevara, Roberto (Bruder) 16 f., 64
Guevara Lynch, Beatriz (Tante) 74
Guevara Lynch, Ernesto (Vater) 11-22, 24, 41, 62, 68, 131, 134 f., 143 f.
Guillén Vicente, Rafael 122
Guillén, Nicolás 140

Hackl, Erich 140
Hart Dávalos, Armando 107
Hitchens, Christopher 76
Holbein, Hans d. J. 137
Holthusen, Hans Egon 134

Höpke, Klaus 112
Huffschmid, Anne 120

Johne, Friedrich 110

Kennedy, John F. 48
Koenen, Gerd 137
Korda, Alberto 7, 127, 132-134, 142
Kossygin, Alexei 112
Krahl, Hans-Jürgen 130
Kunzelmann, Dieter 117

Labrousse, Alain 117
Larteguy, Jean 66
Lawrezki, Josef 112
Lenin, Wladimir I. 26, 91, 107
London, Jack 14
Lumumba, Patrice 53
Lynch, Ana (Großmutter) 20

Machado, Antonio 15
Mahler, Horst 118
Mallarmé, Stéphane 14
Mandel, Ernest 50, 91
Manresa, José Manuel 51
Mantegna, Andrea 137
Mao Tse-tung 26, 78 f., 118, 130
Maradona, Diego 133
March, Aleida (Ehefrau) 22, 41 f., 49, 54, 58, 65, 94, 108, 144
Marcilly, Jean 86
Marcos (Subcomandante) 119, 121 f., 131
Marcuse, Herbert 126 f.
Markowski, Paul 112
Martí, José 52
Marx, Karl 26, 82, 89, 91, 126
Maschke, Günter 79, 130

Bildnachweis

Freddy Alborta Trigo: 64. Archiv Guevara Lynch, Havanna: 18, 27. Associated Press, New York: 120. René Burri/Magnum/Agentur Focus, Hamburg: 3, 53. Centro de Estudios Che Guevara, Havanna: 92. Richard Dingo: 59. Gamma, Paris: 16. Office of Historical Affairs of the Council of State, Havanna: 13, 21, 28, 30, 37, 44. Perfecto Romero: 42. Prensa Latina, Havanna: 48, 54, 78. Andrew St. George: 34. Rogelio Andres Torres: 51. Rudar/studio x, Limours: 139. ullstein bild/AP, Berlin: 129. ullstein bild/Dietrich, Berlin: 133

Alle anderen Abbildungen stammen aus dem Archiv des Suhrkamp Verlags.

Umschlagfoto: Alberto Díaz (Korda). Der heldenhafte Guerillakämpfer. Havanna, 5. März 1960. © Rudar/studio x, Limours

Danksagung

Für Anregungen und Kritik danke ich herzlich Michael Ben, Klaus Graebig, Britta Grell und Achim Lahrem. Besonderer Dank für ihr Engagement gilt den Mitarbeiterinnen des Suhrkamp Verlages Karen Genschow, Kerstin Reimers und vor allem Julia Ketterer.

Suhrkamp BasisBiographien

Ein spannendes Leben, ein beeindruckendes Werk, eine nachhaltige Wirkung – die Suhrkamp BasisBiographien erzählen von Leben, Werk und Wirkung der großen Persönlichkeiten der Weltgeschichte.

Hermann Hesse
Von Michael Limberg
sb 1. 160 Seiten
ISBN 3-518-18201-3

Friedrich Schiller
Von Volker Dörr
sb 2. 160 Seiten
ISBN 3-518-18202-1

Hans Christian Andersen
Von Gisela Perlet
sb 3. 160 Seiten
ISBN 3-518-18203-X

Walter Benjamin
Von Momme Brodersen
sb 4. 160 Seiten
ISBN 3-518-18204-8

Buddha
Von Ursula Gräfe
sb 5. 160 Seiten
ISBN 3-518-18205-6

Che Guevara
Von Stephan Lahrem
sb 6. 160 Seiten
ISBN 3-518-18206-4

Heinrich Heine
Von Joseph A. Kruse
sb 7. 160 Seiten
ISBN 3-518-18207-2

Isabel Allende
Von Martina Mauritz
sb 8. 160 Seiten
ISBN 3-518-18208-0

Ludwig Wittgenstein
Von Joachim Schulte
sb 9. 160 Seiten
ISBN 3-518-18209-9

Wolfgang Amadeus Mozart
Von Malte Korff
sb 10. 160 Seiten
ISBN 3-518-18210-2